Das Actiengesellschaftswesen.

Schriften

des

Vereins für Socialpolitik.

I.

Zur Reform

des

Actiengesellschaftswesens.

Leipzig,
Verlag von Duncker & Humblot.
1873.

Zur Reform des Actiengesellschaftswesens.

Drei Gutachten

auf Veranlassung der Eisenacher Versammlung

zur Besprechung der socialen Frage

abgegeben
von

H. Wiener,
Justizrath in Berlin.

Dr. Goldschmidt,
Reichsgerichtsrath in Leipzig.

Dr. Behrend,
Professor in Berlin.

Leipzig,
Verlag von Duncker & Humblot.
1873.

Das Recht der Uebersetzung, wie alle anderen Rechte für das Ganze wie für die einzelnen Theile vorbehalten von der

Verlagshandlung.

Inhalt.

Das Actiengesellschaftswesen.

Insbesondere:

A. Allgemeine Punkte:

1. Welche etwaigen Mißstände haben sich neuerdings, namentlich seit 1870 in Deutschland
   a. bei der Gründung und Errichtung,
   b. bei der Geschäftsführung

   der Actiengesellschaften im Allgemeinen oder bei einzelnen besonderen Arten gezeigt?
2. Wie hat sich die bestehende Gesetzgebung (Handelsgesetzgebung, Gesetz vom 11. Juni 1870) bewährt?

   Ist eine Revision dieser Gesetzgebung nothwendig und in welchen Punkten? soll bei dieser Revision das Prinzip der begrenzten Haftbarkeit oder wenigstens die Ausdehnung der Haftung des Zeichners auf 100% eingeführt werden?

B. Einzelne Punkte:

1. Bedarf der Grundsatz der Oeffentlichkeit einer präciseren gesetzlichen Bestimmung als bisher?
2. Sollen die gesetzlichen Vorschriften über die Verantwortlichkeit der Organe der Actiengesellschaften, insbesondere der Direction (Vorstand), des Aufsichtsraths (Verwaltungs-Rathes), der Rechnungsrevisoren, strenger gefaßt, und auch die Verantwortlichkeit der Gründer gesetzlich näher bestimmt werden?
3. Soll außer der Controle des Publicums (Actionäre, Gläubiger) eine weitere Controle durch den Staat und welcher Art (Controlämter, oder im einzelnen Fall beauftragte Behörden) eingeführt werden?
4. Bedarf die Organisation der Leitung und Verwaltung der Actiengesellschaften einer veränderten Regelung, event. auch durch die Gesetzgebung?
5. Welche einzelne Bestimmungen des Handelsgesetzbuches und Gesetzes vom 11. Juni 1870 verlangen eine Abänderung, auch wenn das Prinzip der begrenzten Haftbarkeit bestehen bleibt?

Begutachtet von	Seite
H. Wiener	1
Dr. Goldschmidt	29
Dr. Behrend	37

Gutachten

über das

Actiengesellschaftswesen

erstattet von

H. Wiener, Justizrath in Berlin.

Die Beantwortung der vorgelegten Fragen hängt in erster Reihe von dem Standpunkte ab, welchen der Gutachter in Betreff der Aufgabe einnimmt, die er der Gesetzgebung hinsichtlich der Actiengesellschaften vindicirt. Ein gewisses Gefühl der Ohnmacht gegenüber all den Verfuren und Simulationen, welche sich bei der Gründung von Actiengesellschaften eingeschlichen haben, hat den Glauben erzeugt, daß es überhaupt unmöglich ist, gesetzgeberisch derartigen Handlungen vorzubeugen, daß alle Gesetze auf diesem Gebiete nur den Charakter der Gelegenheits-Gesetzgebung haben und gegen die augenblicklichen Symptome des der Sache nach unheilbaren Uebels ankämpfen, das Uebel selbst aber nicht verscheuchen, vielmehr dasselbe nur zum Ausbruch an einer andern durch die Gesetzgebung nicht geschützten Stelle bringen würden. Von diesem Gesichtspunkte aus würde allerdings der Gesetzgebung nur die würdelose Aufgabe zufallen, dem Scharfsinne der Contravenienten nachzuhinken, um, während sie mit der Reparirung einer durch Einbruch beschädigten Stelle beschäftigt ist, schon wieder den Einbruch an einer andern Stelle sich vorbereiten zu sehen, und andererseits würde der Gesetzgeber durch neue Aenderungen in dem Publikum das Gefühl einer vergrösserten Sicherheit wach rufen, welche er von diesem Gesichtspunkte aus zu garantiren nicht in der Lage ist.

Es wird daher von verschiedenen sehr beachtenswerthen Seiten der Standpunkt inne gehalten, daß jeder Eingriff der Gesetzgebung wirkungslos, ja gefährlich ist; daß es Sache des Publikums ist, wie bei jedem Contract so auch bei dem Eintritt in eine Actiengesellschaft resp. beim Erwerbe von Actien sich selbst zu informiren; und daß sich insbesondere der Gesetzgeber zu hüten hätte, dem Publikum die Sache so erscheinen zu lassen, als wenn er selbst bis zu einem gewissen Grade die Information für dasselbe übernommen hätte.

Man motivirt diesen Standpunkt principiell auch als den Standpunkt der sonst überall innegehaltenen völligen Vertragsfreiheit.

Dieser Standpunkt ist besonders energisch bereits bei der Berathung des französischen Gesetzes vom 24. April 1867 im gesetzgebenden Körper durch Emile Ollivier vertreten worden, welcher gegenüber dem Regierungsvorschlage einen aus 9 Artikeln bestehenden Gesetzentwurf, der diese unbedingte Vertragsfreiheit statuirt, eingebracht hatte[1]). Erscheinungen wie sie jetzt bei uns an der Tagesordnung sind, waren in den Jahren 1835—38 und fernerhin in Frankreich in Folge der lediglich Grundsätze des Gemeinen Rechtes reproducirenden Bestimmungen des Code de commerce in noch weit eklatanterem Maße zu Tage getreten[2]), und hatten daselbst zu dem sehr restrictiven Gesetze vom 17. Juli 1856 geführt, welches indessen nicht besonders interessirt, da es für die eigentlichen Actiengesellschaften das Princip der Staatsaufsicht aufstellte. Die Gesetzgebung von 1867[3]), welcher zum großen Theil die Grundsätze unseres Gesetzes vom 11. Juni 1870 entlehnt sind, stellte sich die Aufgabe, behufs Ermunterung der durch die frühere Gesetzgebung eingeschüchterten Capitalien das Princip der Vertragsfreiheit mit dem Interesse des Publikums zu vereinigen[4]), und die eingehenden Erörterungen bei der Berathung des gedachten Gesetzes, welches für Frankreich die Staatsaufsicht über die Actiengesellschaften aufhob, sind für die vorliegenden Fragen besonders lehrreich.

Der gesetzgebende Körper verwarf die Ansichten Olliviers, indem er die Analogien zwischen einer Actiengesellschaft und einer sonstigen Convention wegen des Mangels jeder individuellen Beziehung und Verhandlung der Contrahenten unter einander bei der ersteren für unzutreffend erachtete.

Der Bericht der Commission des gesetzgebenden Körpers sagt darüber:

„. . . . ce qui est vrai, c'est que la rapidité et le nombre des affaires, la bonne foi, qui en est l'âme, la multiplicité des points, sur lesquels la société opère, en dehors de son centre ne permettent pas d'étudier, à l'occasion de chaque opération, les stipulations sociales, comme cela se fait, quand on traite avec une femme dotale une affaire

---

1) cfr. Bericht der Commission des gesetzgebenden Körpers cfr. commentaire de la loi sur les sociétés des 24.—29. Juli 1867 par Mathieu et Bourgignat. Paris 1868. S. 311 f.
2) cfr. eodem Vorrede S. 28. Ferner S. 315.
3) Schon das Gesetz vom 23. Mai 1863 sur les sociétés à responsabilité limitée befreite diese sociétés von der Staatsaufsicht; dieselben unterschieden sich von den eigentlichen anonymen Gesellschaften durch nichts anderes, als daß das Grundkapital, auf welches sie gegründet werden durften, auf 20 Millionen Francs beschränkt war.
4) Mathieu et Bourgignat S. 309.

isolée. .... Il faut donc que la loi, prévoyante pour ces intérêts que la force des choses pousse et condamne à une imprévoyance inévitable, stipule, à l'occasion de chaque espèce de société le minimum de garantie, dont l'expérience enseigne la nécessité"[5]).

Meines Erachtens sind zwei von einander principiell verschiedene Gesichtspunkte auseinander zu halten.

Es frägt sich einmal, ob eine Einschränkung des Vertragswillens im Wesen des Actiengesellschaftsvertrages eine Rechtfertigung findet, resp. ob dieselbe ein wirksames Schutzmittel für die schutzberechtigten Interessen gewähren kann.

Verneint man diese Frage, so bleibt noch die fernere Frage zu entscheiden, ob nicht gerade behufs Erreichung einer wirklichen Freiheit des Vertragswillens der Gesetzgeber gewisse Cautelen aufzustellen berufen ist.

Ich bin der Meinung, daß der Gesetzgeber die materielle Vertragsfreiheit auch auf dem Gebiete der Actiengesetzgebung anerkennen muß, sowohl aus principiellen Gründen wie aus Gründen der Nützlichkeit. Principiell liegt nach dieser Richtung im Wesen der Actienvereinigung nichts, was sie von anderen Vereinigungen unterscheidet[6]).

Weder die besondere Complicirtheit der Stipulationen, noch das Zurücktreten des individuellen, rein persönlichen Elements bei der Vertragsschließung geben principiell einen Grund dafür ab, daß der Willen der Contrahenten beschränkt werde. Daß Jemand Theile seines Vermögens von Dritten verwalten läßt und die Früchte der Thätigkeit des Verwalters genießen will, gewährt keinen Grund dafür, daß der Betreffende als persona miserabilis behandelt wird, bloß weil erfahrungsmäßig die Verwalter häufig betrügen. Ein materieller Eingriff in die Freiheit der Normen der Einigung zwischen Gründern und Publikum und des Zusammenlebens der einzelnen Actienbetheiligten mit einander, erscheint aber auch nur dann rathsam, wenn man sicher ist, dadurch das Uebel selbst zu treffen. Ein Prohibitiv-System, geschöpft aus den Erfahrungen einer kurzen Anzahl Jahre und gerichtet lediglich gegen diejenigen Erscheinungen, durch welche sich in dieser Zeit die betrügliche Gewinnsucht Einzelner manifestirt hat, bietet diese Garantie nicht. Es würde nur dem Publikum den gefährlichen Schein einer Rechtssicherheit geben und die Gesetzgebung in der That mit dem Charakter einer bloßen Gelegenheitsgesetzgebung behaften.

Wenn erfahrungsmäßig auf Kosten der Gesellschaft Gewinne durch

---

5) Mathieu et Bourgignat S. 312.

6) Unter der Vertragsfreiheit wird hier die Willensfreiheit der Contrahenten im Verhältniß gegen einander verstanden.

Daß der Staat mit Rücksicht auf die Privilegien der juristischen Persönlichkeit und der Gestattung der Inhaberpapiere, durch welche er der Actienvereinigung erst das Dasein giebt, ein principielles Recht darauf hat, seinem Geschöpf die Lebensbedingungen vorzuschreiben, soll nicht geleugnet werden. Dies hat aber auf die Stellung der Contrahenten unter einander keinen Einfluß, da diese Beneficien den Contrahenten gleichmäßig zu Gute kommen.

Inferirung von Objecten über das Doppelte ihres Werthes gemacht worden sind, so würde eine Vorschrift, wonach Objecte nicht über einen bestimmten Werthsbetrag hinaus, resp. nicht über einen bestimmten Aufschlag über ihre Werthe resp. ihre Kaufpreise in einer bestimmten Anzahl vorauf= gegangener Jahre hinaus inferirt werden dürfen, nur zu andern Versuren und Simulationen, insbesondere zu künstlichen Werthschraubungen und fictiven Zwischenverkäufen führen. Wenn erfahrungsmäßig gewisse Be= stimmungen eines Statuts die Möglichkeit unerlaubter und schädigender Handlungen und die Benutzung dieser Möglichkeiten herbeigeführt haben, so wird die Aufstellung eines Normativ=Statuts, welches diese bestimmten Möglichkeiten beseitigt, damit noch in keiner Weise der Benutzung anderer Bestimmungen des Statuts zu dem gedachten Zwecke vorbeugen. Wenn der Gesetzgeber die Abschätzung einzubringender Objecte durch Sachver= ständige und die entscheidende Maßgeblichkeit des von ihnen festgesetzten Werthes für den Illationspreis vorschreibt, so wird er damit nur den Kreis derjenigen Personen, welche in die Corruption hineingezogen werden, vergrößern, zumal es an allen objectiven Anhalten für die Schätzung der= artiger Vermögenswerthe, wie z. B. eines Bergwerkes fehlt[7]). Dazu kommt, daß alle derartigen Normativbestimmungen auch ein Hinderniß für die loyale Vereinigung von Capitalien bilden können und die Entstehung und Vermehrung dieser loyalen Capitalsvereinigungen das beste Correctiv gegen den Versuch der Schädigung des Publikums durch unsaubere Unter= nehmungen bildet[8]).

Um aber das Princip voller Vertragsfreiheit gelten zu lassen, hat der Gesetzgeber die Aufgabe, diejenigen Garantien zu schaffen, vermöge deren der eine Contrahent, das Publikum, auch wirklich frei wird, und dazu gehört, daß er die wirk= lichen Bedingungen der contractlichen Einigung genau kennt. Es hat auch Niemand das Princip aufgestellt, daß, weil ein Jeder sich

---

[7]) Diese Experten kennt die Französische Praxis. Der Art. 4 des Gesetzes von 1867, der gemäß art. 24 für reine Actiengesellschaften ebenfalls gilt, erfordert für die Gültigkeit der Einbringung von Vermögensstücken die Genehmigung einer Generalversammlung, welcher die Prüfung einer Vorgeneralversammlung und die Veröffentlichung eines Berichtes über den Werth Seitens hierzu von der Vorgeneral= versammlung Delegirter vorausgehen muß. cfr. Mathieu et Bourgignat S. 44.

Der Artikel 136 No. 1 des Italienischen Handelsgesetzbuches vom 25. Juni 1865 spricht von einem oder mehreren Sachverständigen, welche, falls der Werth der Einlage nicht bestimmt ist, von der Generalversammlung bestellt werden, um ihn nach Billigkeit festzustellen. — Da, wie weiter unten ausgeführt wird, die Gründer selbst die sogenannte constituirende Generalversammlung bilden, so ist Alles dies nur eine bloße Comödie.

[8]) Daß eine große Zurückhaltung geboten ist, beweisen die in kurzen Zwischen= räumen sich wiederholenden Experimente anderer Gesetzgebungen.

Frankreich hat im Laufe von 11 Jahren dreimal Gesetze über diese Materie erlassen, durch die Gesetze vom 17. Juli 1856, vom 25. Mai 1863 und 24. Juli 1867; England ebenfalls dreimal, durch Gesetz vom 14. Juli 1856, 7. August 1862 und 20. August 1867.

um seine eigenen Angelegenheiten selbst zu kümmern habe, deshalb der Gesetzgeber den Betrug nicht zu strafen brauche.

Hier ist das Complicirte und Unpersönliche des Vertragsverhältnisses von berechtigtem Einfluß.

Je complicirter und je vielgestaltiger die Momente sind, welche für die Willenseinigung der Contrahenten von Bilanz sind, je unpersönlicher das Verhältniß ist, durch welches sich die Willenseinigung vollzieht, und je schwerer die juristisch-systematische Grenzberichtigung zwischen den statthaften und unstatthaften Erwerbstiteln ist, desto mehr muß der Gesetzgeber darauf bedacht sein, Mittel für die Erzwingung der vollen Wahrheit auf Seiten des sich an das Publikum wendenden Contractsofferenten zu schaffen und Corrective gegen deren Verletzung zu geben.

Von diesem Gesichtspunkte aus erachte ich die Gesetzgebung des Jahres 1870 für unvollkommen und verbesserungsbedürftig, sie giebt Vertragsfreiheit, ohne zur Darlegung des vollen Vertragswillens zu zwingen, und sie läßt den Getäuschten schutzlos gegen Verletzungen der Vertragstreue, ja sie trifft Anordnungen, welche die Geltendmachung dieser Verletzungen geradezu verhindern.

Zu einer gesunden Regelung der Actiengesetzgebung erachte ich drei Requisite für erforderlich:

1) bei vollkommener Freiheit der Stipulationen des Gründungsvertrages, Erzwingung vollständiger Offenlegung in Betreff aller Elemente desselben und Verantwortung der Gründer, als eines besonderen, nicht in den Actionairen untergehenden Factors, der Actiengesellschaft gegenüber bei erwiesenem Mangel der Offenheit resp. bei falschen Angaben,

2) die Controle der Verwaltung der Gesellschaft seitens der Actionaire durch ein in die Verwaltung nicht implicirtes, sich durch jährliche Neuwahl ergebendes, verantwortliches, mit umfassenden Rechten ausgestattetes, aber auch strict normirter Verantwortlichkeit unterliegendes Organ, welchem, sofern es im Wege der Wahlen nicht gefunden werden kann, von der Gerichtsbehörde zu bestellende Experten zu substituiren sind;

3) die Garantie bestimmter Individualrechte des einzelnen Actionairs, welche ihm unabhängig von den Beschlüssen der Generalversammlung zustehen, sowie das Recht einer zu fixirenden Minorität der Actionaire, bei bescheinigtem Verdacht von Unzukömmlichkeiten bei der Gründung wie bei der Verwaltung, die Feststellung des Sachverhaltes durch eine gerichtliche Untersuchung herbeizuführen. —

Zu 1. Verfolgt man den Entwickelungsgang, welchen die Gesetzgebungen in Betreff der Gründung von Actiengesellschaften genommen haben, so sind es zwei principiell verschiedene Wege, auf welchen die gedachte Construction zur Perfection gelangt.

Der Contract der Gründer mit dem Publikum wird der Natur der Sache nach immer erst dann eintreten, wenn die Gründer demselben etwas Fertiges präsentiren können. Bis zu der Vitalität der Actiengesellschaft, d. i. bis zur Erlangung der Rechte einer juristischen Person, wird das Unternehmen immer nur in den Händen der Eingeweihten bleiben.

Man kann sich nun die Construction in der Weise denken, daß diese Eingeweihten sich zum Zwecke der Gründung der Gesellschaft verbinden und, nachdem sie bestimmte Cautionsbedingungen erfüllt haben, welche dem Staate die Ernsthaftigkeit des Projectes garantiren und deshalb die Beleihung mit den Rechten einer juristischen Person rechtfertigen, innerhalb des Rahmens des von ihnen festgestellten Gesellschaftswillens dem Publikum Actienbetheiligungsrechte offeriren. In diesem Falle ist es die imperfecte Gesellschaft, welche die Rechte der juristischen Körperschaft empfängt, und welche nach Maßgabe des Betheiligungsbedürfnisses des Publikums progressiv fortschreitet.

Man wird kaum bezweifeln können, daß dies der den natürlichen Verhältnissen angepaßte Constructionsweg ist. Auf diesem Principe basiren die Gesetzgebungen Englands [9]) und Nord=Amerikas [10]).

---

9) Nach dem Englischen Gesetz vom 7. August 1862 brauchen nur 7 Personen eine sehr einfache Gründungsurkunde — memorandum of association — zu unterzeichnen und dem Registrar der Actiengesellschaften zu übergeben und jeder von ihnen eine Actie zu zeichnen, um für die projectirte Gesellschaft die Corporationsrechte zu erhalten.

Diesem Memorandum, dessen Erfordernisse lediglich in Angabe des Namens der Gesellschaft, ihres Geschäftsbüreaus in England, des Geschäftszwecks, der Angabe, daß die Haftbarkeit der Actionäre beschränkt ist, und wie hoch das Actienkapital und die Actienantheile sind, bestehen, können noch Associationsartikel, die das Verwaltungsregulativ (Regulations) für die Gesellschaft feststellen, hinzugefügt werden. Bei den eigentlichen Actiengesellschaften (Companies limited by shares) schreibt das Gesetz selbst Satzungen vor, die aber nur gelten, wenn sich die Gesellschaft solche nicht gegeben.

Durch das Halten eines Mitgliederverzeichnisses und die Verpflichtung zu regelmäßig wiederkehrenden Publicationen der Mitgliederverzeichnisse (Artikel 22—38) wird das Fortschreiten der Gesellschaft bekannt gemacht.

Dies Princip hängt damit zusammen, daß das Englische Gesetz von 1862 nur Namensactien kennt.

Das Gesetz vom 20. August 1867 — Companies Act 1867 — läßt allerdings die Umwandlung in Inhaberactien zu, aber erst nach Vollzahlung, cfr. Artikel 27—36.

10) Das neueste Nordamerikanische Gesetz über den Gegenstand ist das für den Distict Columbia gegebene vom 5. Mai 1870: acte to provide for the creation of corporations in the district of Columbia by general law.

Ueber den District Columbia hat der Congreß die gesetzgebende Gewalt. Das Gesetz ist ein Extract der Gesetze über dieselbe Materie in Massachusetts und Pensylvanien, welche als die besten gelten.

Es behandelt unter verschiedenen Abschnitten die verschiedenen Arten von Vereinigungen: Institutions of Learning, Religious Societies, Benevolent Societies, Manufacturing Societies, Cemeteries, Incorporations, Boards of Trade und die Railroad companies.

Es giebt die Rechte juristischer Person, sobald bei manufacturing, agricultural,

Der zweite Weg, welchen die Romanischen Völker eingeschlagen haben, ist der, daß die gesammte Actiengesellschaft fix und fertig sein muß, ehe dieselbe die Rechte einer juristischen Person erlangt. Das gesammte Actien=Capital oder wenigstens der größte Theil desselben muß vollgezeichnet sein [11]). Dieser an sich schon nicht natürliche Constructionsweg erzeugt zwei Inconvenienzen. Da weitere Kreise mit dem Unternehmen noch nicht in Berührung gekommen sein können, so sind es die Gründer selbst, welche das gesammte Actien=Capital zeichnen müssen, um in die Möglichkeit zu kommen, die Actien dem Publikum anzubieten. Sie übernehmen also, selbst wenn man ihnen die persönliche Liberation nach Einzahlung eines bestimmten Theils des Nominalbetrages zugiebt, in Wahrheit für das Unternehmen ein erhebliches Risiko, und es ist natürlich, daß sie für dieses Risiko auch besondere Vortheile beanspruchen. Sodann aber verschiebt sich durch diese Situation die ganze Stellung zwischen Gründer und Publikum als der miteinander verhandelnden Contrahenten; das Publikum wird lediglich der Rechtsnachfolger der ersten Zeichner; diese Zeichner selbst contrahiren formell mit den Gründern, sind aber in Wahrheit mit den Gründern identisch, da die Gründungsgemeinschaft sowohl die Verlautbarung des Gesellschaftsvertrages wie auch die Leistung der Zeichnungen umfaßt und es mehr Sache des Zufalls ist, wer von den einzelnen Personen, die sich in der Gründungsgemeinschaft befinden, den Vertrag schließt und wer außerdem die Actien zeichnet. Das Publikum kann gegenüber den Gründern keine Rechte mehr geltend machen, welche ihnen die ersten Zeichner, deren Rechtsnachfolger sie sind, bereits vergeben haben, und die formellen ersten Zeichner, soweit sie nicht mit den Errichtern des Gesellschafts=Vertrages selbst identisch sind, beeilen sich selbstverständlich, diese Errichter selbst in jeder Beziehung zu entlasten, da sie in Folge der Gründungsgemeinschaft, in welcher sie mit denselben stehen, an den Vortheilen, welche auf Kosten der Gesellschaft dem Gründungs=Consortium zufließen, betheiligt sind.

In Verkennung dieses Zustandes hat das französische Gesetz wie das unsrige in dem guten Willen, den Actionairen eine Garantie zu verschaffen, für die eigentliche Gründungs=Gesellschaft, — die Gesellschaft des Artikel 209b unsres Gesetzes zu „Erwerbung von Anlagen oder sonstigen Vermögensstücken" — einen geradezu unhaltbaren Zustand geschaffen. Eine General=

---

mining and mechanical corporations wenigstens 20, bei Eisenbahngesellschaften wenigstens 7 Personen, ein certificate, im Wesentlichen entsprechend dem Englischen Associationsmemorandum, unterzeichnen und im Register of deeds eintragen lassen.

Nur bei Eisenbahngesellschaften ist Voraussetzung der Erlangung der Rechte der juristischen Person, daß wenigstens 50,000 Dollars gezeichnet und fünf Procent darauf eingezahlt sind. cfr. Sectio 7 des Gesetzes. Die Actien sind in allen Fällen nur nach Vollzahlung übertragbar.

11) Das französische Gesetz von 1867 verlangt, entsprechend dem früheren von 1856, die Zeichnung des ganzen Capitals und die Zahlung eines Viertels desselben, das citirte italienische Gesetz fordert in Artikel 135 die Zeichnung von $4/5$ des Capitals und Einzahlung von 10% auf die Zeichnungen.

versammlung — nach französischem Rechte 2 Generalversammlungen in einer Distanz von mindestens 5 Tagen[12]) — sollen den Erwerbungs=Vertrag genehmigen, ehe derselbe resp. das die Erwerbung vorsehende Statut giltig wird.

Die Verhandlungen des französischen gesetzgebenden Körpers lassen sich weitläufig darüber aus, welche Sicherheit diese „appréciation" und „approbation" zweier Versammlungen den Actionären gewähren[13]). Nun sind aber diese „appréciateurs" und „approbateurs" keine anderen Personen, als die Gründungsgenossen selbst. Während ohne dieselben die Gründer wenigstens dem Publikum gegenüber verantwortlich bleiben würden, beeilt sich auf diesem gut gemeinten Wege der Gesetzgeber selbst, den Special=Vortheil der Gründer in deren Interesse von Antastungen der Actiengesellschaft in ihrer späteren Configuration zu befreien und in Sicherheit zu bringen.

Wie sich die Sache bei uns in der Praxis macht, kann als bekannt vorausgesetzt werden: Statuten=Errichtung, Zeichnung und sogenannte constituirende Generalversammlung folgen sich unmittelbar aufeinander und immer figuriren dieselben Personen, die sich in die Rollen von Gründern und von Generalversammlung theilen.

Der Schutz, den diese gesetzliche Bestimmung dem illegitimen Raube gewährt, wird von den Individuen so deutlich empfunden, daß sie den an sich bequemeren Weg, welchen ihnen der zweite Absatz des Artikels 209 b gewährt und wonach nur sämmtliche Zeichner den Gesellschafts=Vertrag zu verlautbaren brauchten, um der genehmigenden Generalversammlung überhoben zu sein, verschmähen und es vorziehen, daß nur ein Theil von ihnen den Gesellschaftsvertrag errichtet, der andere aber Generalversammlung spielt, um auf diesem Wege die Entlastung in Betreff des Gründungs= geschäfts herbeizuführen. Die Actiengesellschaft selbst ist dadurch für alle Zukunft präjudicirt. Der einzelne Rechtsnachfolger des einzelnen Zeichners mag sich in Betreff dessen, was ihm über das Unternehmen gesagt worden, an denjenigen halten, von dem er die Actie erworben.

Nicht die Gründer erlassen den Prospect an Leute, die der Gesellschaft beitreten wollen, sondern die Primitiv=Actienzeichner erlassen ihn an zu suchende Rechtsnachfolger. Der Prospect ist nirgend ein im Gesetz vorgeschriebener Bericht, um die Gesellschaft zur Perfection zu bringen, auf den die Gesellschaft als solche den Gründern gegenüber rekurriren könnte und der sich über bestimmte zu garantirende Thatsachen auslassen müßte;

---

12) Artikel 4 des Gesetzes von 1867 frühestens fünf Tage nach Druck und Zugänglichkeit des Berichts, den die erste Generalversammlung über den Werth der Einlagen oder den Grund der besonderen Vortheile für einzelne Actionäre anfertigen läßt.

Die Artikel 136, 137 des Italienischen Gesetzes vom 25. Juni 1865 kennen nur eine Generalversammlung. Ein Viertel der Actionäre kann aber, falls sie ungenügende Information behaupten, eine Vertagung durchsetzen.

13) Mathieu et Bourgignat S. 39 f.

nie ist ersichtlich, in welchen rechtlichen Verhältnissen die Unterschreibenden zu den Unternehmern stehen.

Zum Theil ist er ununterschrieben; es ist nicht zu beweisen, ob diejenigen, die ihn unterschrieben haben, Kenntniß von der wahren Sachlage haben resp. haben müssen, es giebt keine Präsumtion, daß der, welcher nach Publication eines bestimmten Prospectes Actienzeichnungen erworben, sie auf diesen Prospect hin erworben, und selbst der Rechtssatz, daß, wer eine öffentliche Ankündigung erlassen, demjenigen für ihre Richtigkeit haftet, der darauf hin gehandelt hat, ist in der Praxis noch nicht zur Anerkennung gekommen und in der Theorie bestritten [14].

Dieser Zustand bedarf sicher der Abhilfe, nicht bloß im Interesse der geschädigten Actionäre, die leider zum Theil bloß in der beabsichtigten Fortsetzung des Betruges durch die Macht der Thatsachen aufgehaltene Mit=Complottanten sind, sondern hauptsächlich im Interesse der öffentlichen Moral. Wäre der Gesetzgeber in der Lage, primitiv die Frage der Regelung der Actien=Gesetzgebung zum ersten Male zu behandeln, so würde ich rathen, das ganze bisher befolgte Princip fallen zu lassen und das Verhältniß auf dem natürlichen Wege, den die englische Gesetzgebung eingeschlagen, zu konstruiren. Indessen, nachdem bereits die entgegengesetzte Konstruction bei uns seit den Gesetzen über die Eisenbahn= und Actien= Unternehmungen von 1838 und 1843 Platz gegriffen, und sich die aus der gedachten Konstruction ergebenden Mängel aus den praktischen Erfahrungen einigermaßen übersehen lassen, erscheint es zweckmäßiger, unter Innehaltung desselben principiellen Standpunktes die gefundenen Mängel zu verbessern, als sich auf ein ganz neues Konstructionsgebiet zu begeben, dessen Resultate in der Praxis für uns nicht genügend bekannt, jedenfalls aber nach den Mittheilungen über den Zustand englischer und amerikanischer Actienunternehmen auch nicht gerade sehr günstig sind.

Die erste Aufgabe einer Verbesserung unseres Gesetzes dürfte meines Erachtens darin bestehen, in dem Gründer einen verantwortlichen und greifbaren Factor bei dem Unternehmen der Vereinigung zu einer Actiengesellschaft herzustellen. Das französische Gesetz von 1867 kennt bereits den „Fondateur" als einen besonderen, einer allerdings nur formalen Verantwortlichkeit unterliegenden Factor, cf. Artikel 24. 25. 42. des Ges. von 1867. Allerdings ist der Begriff nicht klar präcisirt und es ist dies wohl der Grund, weshalb derselbe in unser Gesetz nicht übergegangen ist. „Fondateurs" sind diejenigen, welche den Gesellschafts=Vertrag errichten und die von der ersten Generalversammlung der Conscripteurs zu verificirende Erklärung der erfolgten Zeichnung des Kapitals und der Einzahlung auf dasselbe in der in den Art. 1 und 24 des Gesetzes von 1867 vorgeschriebenen Form abgeben. — Es wird nützlich und juristisch zutreffend sein, noch einen Schritt weiter zu gehen.

---

[14] cfr. Bekker, Beiträge zum Actienrecht in Goldschmidt's Archiv Bd. 17, S. 458.

Bis zur Eintragung der Gesellschaft in das Handelsregister fällt Alles, was zu ihrer Herstellung erforderlich ist, in das Gebiet der Gründung. Ein Verhältniß zwischen den die Gesellschaft schaffenden Personen und dem die Actien abnehmenden Publikum hat bis dahin nicht begonnen. Der Augenblick, in welchem dies Verhältniß beginnt, entzieht sich allerdings jeder Fixirung durch den Gesetzgeber; derselbe hat sich aber auch nur die Aufgabe zu stellen, dem Publikum die Bahn frei zu erhalten und nicht durch künstliche Aufstellung von Gründern und Zeichnern als miteinander Contrahirenden ein trügerisches Contractsverhältniß zu schaffen, dessen Erbschaft das Publikum später antritt und dessen Schlinge die Actiengesellschaft nicht mehr los werden kann. Zeichner und Gründer sind bis zur Eintragung der Actiengesellschaft lediglich Genossen einer und derselben Gründungsgemeinschaft. Durch die Primitivzeichnung vollzieht sich den Gründern gegenüber kein selbstständiger Contract, durch welchen die Zeichner acceptiren, was die Gründer ihnen offeriren; vielmehr ist die Zeichnung lediglich die Ausführung eines Theils der getroffenen Gründungsvereinbarungen, die geschieht, weil das Gesetz in der Zeichnung ein wesentliches Erforderniß zur Herstellung der Gesellschaft sieht. Diese Primitivgründungsvereinbarung absorbirt das selbstständige Element, welches sonst vielleicht in der Zeichnung liegen möchte. Danach sind Gründer alle diejenigen, welche sich bei der Errichtung einer Gesellschaft durch Vereinbarung des Gesellschaftsvertrages oder durch Leistung der Primitivzeichnungen des Kapitals betheiligen. Das französische wie englische Gesetz verlangen zur Begründung einer Actiengesellschaft den Zusammentritt von mindestens 7 Personen.

Es wird zweckmäßig sein, dieses Erforderniß auch bei uns aufzunehmen und 7 verantwortliche Gründer einer Gesellschaft für nothwendig zu erachten, weil bei einer größeren Zahl verantwortlicher Personen das Publikum einen größeren Anhalt zur Beurtheilung der Qualität des Unternehmens gewinnen kann und weil insbesondere, wenn man aus Scheu vor der Gründerverantwortlichkeit zu diesem Geschäfte unbekannte und unbedeutende Namen vorschieben möchte, bei einer größeren Zahl die Unscheinbarkeit der Genannten eklatanter ins Gewicht fallen dürfte.

Die Schlußfassung des Artikels 209ᵃ des Gesetzes von 1870, wonach die constituirende Generalversammlung die erfolgte Zeichnung des Actien-Kapitals und die Einzahlung von 10% auf dasselbe verificiren soll, ist nach dem Gesagten zwecklos und schädlich; sie ist eine reine Farce, bei der sich die Gründer selbst attestiren, daß das wahr ist, was sie erklärt haben, und sie eskamotirt durch die Genehmigung der Gründer als erster Actionäre die Verantwortlichkeit der Gründer für unrichtige Angaben gegenüber zukünftigen Generalversammlungen. Die ganze constituirende Generalversammlung ist ein Unding. Das Unternehmen muß, so lange bis die Actien unter das Publicum gelangen, unter Verantwortlichkeit der Gründer, resp. des von diesen eingesetzten Aufsichtsraths gehen.

Man fixire diesen Zeitpunkt auf das erste Jahr.

Gelangen die Actien vorher in das Publicum, so hat dieses ja die Mittel, die Einberufung einer Generalversammlung auch schon früher zu erwirken.

Es ist nach dem Gesagten klar, daß der Artikel 209ᵇ wegfallen muß, durch welchen sich die Gründer selbst die beabsichtigten Erwerbungen und die einzelnen Gesellschaftern bestimmten Vortheile approbiren, ohne daß irgend Jemand aus dem sich später betheiligenden Publikum von dem Inhalt der Erwerbungsverträge und ihren wahren Zwecken etwas erfährt. Die Statuten beschränken sich darauf, zur formellen Erfüllung der Erfordernisse dieses Artikels das zu erwerbende Object und seinen Preis anzugeben, ohne daß irgendwie die näheren Bedingungen der Erwerbungsverträge oder auch nur die Personen, von denen sie erworben werden, bezeichnet sind. Statuten werden erfahrungsmäßig kaum gelesen, und wer sich die Mühe nehmen will, sie zu lesen, erfährt über den eigentlichen Sachverhalt auch nicht viel; ja den Gründern ist trotz des Gesetzes auch die Möglichkeit nicht verwehrt, wenn es ihnen unbequem ist, den Erwerbungspreis anzugeben, auch diesen zu verschweigen; man kann sich dann damit helfen, daß man im Statut die Erwerbung eines bestimmten Objectes als bloß in Aussicht genommen darstellt; alsdann ist der erforderliche avis au lecteur, der zur Individualisirung des Unternehmens erwünscht ist, gegeben. Vermöge der statutarisch in der Regel dem Aufsichtsrath gegebenen Befugniß, Immobilien zu erwerben, erfolgt die Erwerbung der betreffenden Anlage erst nach der Eintragung der Actiengesellschaft, und die Actiengesellschaft hat das betreffende Object für jeden beliebigen Preis auf dem Halse, ohne daß man früher als in der nächsten ordentlichen Generalversammlung diesen Preis erfährt. Nirgends ist eine derartige Circumvention verboten; nirgend ist ein Anhalt dafür gegeben, in welchen Fällen eine Erwerbung als mit der Errichtung der Gesellschaft selbst im Causalnexus stehend zu erachten ist. Kein Hypothekenrichter beanstandet die Umschreibung, der Handelsrichter hat die Gesellschaft eingetragen und mit den ferneren Acten nichts zu thun; die Erwerbung selbst ist formell nicht integrirender Bestandtheil der statutarischen Festsetzung; sie figurirt als im Laufe des Geschäftsganges der bereits errichteten Gesellschaft bewirkte Erwerbung.

Soll hier eine wirkliche Oeffentlichkeit erzielt werden, so verpflichte man in allen Fällen, in welchen eine Gesellschaft auf Grund der Erwerbung von Anlagen errichtet wird oder Einlagen, die nicht in baarem Gelde bestehen, von einem Actionär gemacht werden, die Gründer, zu bestimmten Malen in den Blättern der Gesellschaft unter der Unterschrift sämmtlicher Gründer einen Bericht [15]) über die zu erwerbende Anlage unter Angabe

---

15) Auf diesen Prospect lege ich ein Hauptgewicht. Bloße Aufnahmen dieser Thatsachen in das Statut bewirken erfahrungsmäßig keine Oeffentlichkeit. Die Gründer werden sich durch diese Veröffentlichungen in Prospecten ihrer Verantwortlichkeit besonders bewußt.

Sie werden dadurch auch genöthigt werden, sich, da sie einmal prospectiren

des Erwerbspreises und der Erwerbsbedingungen, der Personen, welche die Anlage einbringen oder verkaufen, und der Besitzzeit, während deren sie in ihren Händen gewesen, sowie der Angabe aller derjenigen Vortheile, welche bei diesem Geschäfte für die Gründer selbst oder diejenigen, welche sich mit ihnen zur Gründung des Unternehmens verbunden haben, erwachsen sind, falls sie auch nicht selbst als Gründer aufgetreten sind, zu veröffentlichen und mache vom Nachweise dieser Veröffentlichung die Wirksamkeit resp. Eintragung der Gesellschaft abhängig. Auf diesem Wege zwingt man zu einem Prospect mit dafür verantwortlichen Personen und macht den Prospect selbst zu einem integrirenden Theil der Errichtungshandlungen der Gesellschaft.

Das dadurch construirte Rechtsverhältniß ist vollkommen klar. Diejenigen, welche in die Rechte aus den Actienzeichnungen nach der Errichtung succediren, werden nicht Rechtsnachfolger der Primitivzeichner, letztere als Gegencontrahenten der eigentlichen Gründer, resp. Statutsvollzieher gedacht; vielmehr contrahirt jeder Primitivzeichner als Vertreter und Theilnehmer des Gründer-Consortiums mit dem Dritten, und zwar auf Grund des gedachten Prospectes, welcher die lex contractus für jeden Zeichnungs-Ueberlassungsvertrag ist.

Das Geschäft der Inferirung der Anlagen soll auch nicht pendent bleiben, bis etwa eine nach einem Jahre einberufene Generalversammlung es genehmigt oder ablehnt, denn dies würde eine Rechtsunsicherheit erzeugen, unter welcher auch die loyalen Unternehmungen gehindert würden. Es behalten aber auf diesem Wege die künftigen Generalversammlungen bei Prüfung der vorhandenen Anlagen und der dafür verauslagten Summen das Recht, wegen falscher Angaben im Prospect die Gründer im Interesse der Actiengesellschaft verantwortlich zu machen. Bei der jetzigen Lage der Gesetzgebung ist die Actiengesellschaft selbst wehrlos, höchstens erreicht es der einzelne Actionär durch Bedrohung der Gründer mit unangenehmen Enthüllungen, daß ihm seine Actien in aller Stille abgekauft werden, was für die Gesellschaft selbst ohne jede Wirkung ist. Man wird Sorge tragen müssen, daß eine wirkliche Entlastung der Gründer von dieser Verantwortlichkeit nicht vor Ablauf eines längeren Zeitraums, etwa 5 Jahre von Errichtung der Gesellschaft ab, stattfinden darf, weil es sonst in den Händen der Gründer liegen würde, noch ehe die Actien in das Publikum gelangt sind, durch Convocation einer Schein-General-Versammlung, welche sie selbst bilden, sich diese Entlastung zu beschaffen. Bei wirklich loyalen Unternehmungen kann die Furcht vor dieser mehrere Jahre dauernden Verantwortlichkeit keine Wirkung ausüben.

Die aufgestellten Factoren des Prospectes dürften die für die Entschließung des Publikums wesentlichen sein und den Gründern nur die

---

müssen, auf die gesetzlich erforderten Angaben nicht zu beschränken, sondern sich über das Unternehmen ausführlicher auszulassen.

Auch scheut man sich weniger, exorbitante Vortheile in Verträgen, die nur eine beschränkte Publicität haben, zu stipuliren, als wenn man direct damit vor das Publikum treten muß.

Offenlegung solcher Thatsachen zumuthen, über welche sie informirt sein müssen. Sowohl die Personen, wie die Besitzzeit der Inferenten sind wesentlich für die Entschließung des Publikums.

Ist derjenige, von dem das Gründer-Consortium erwirbt, nicht selbst der schon einige Zeit im Besitz befindliche Eigenthümer der Anlagen, so wird man wissen können, daß durch künstliche Zwischenschiebung von Zwischenerwerbern der wahre Werth bereits eine Steigerung erfahren haben muß. Wesentlich wird hier aber vor Allem sein, daß den Gründern zur Pflicht gemacht wird, den wirklichen Werth, der in die Hände des Inferenten fällt, von denjenigen Vortheilen zu scheiden, welche ihnen selbst oder gemäß ihrer Vereinbarungen mit den dritten Personen diesen als vereinbarter besonderer Vortheil zufallen.

Dieser Punkt ist einer der heikelsten in der ganzen Materie. Alle diese Vortheile werden jetzt unter dem sogenannten Erwerbspreise verdeckt. Ueber die naiven primitivsten Formen der Ausbeutungen, vermöge deren sich die Gründer einen Theil des Erwerbspreises durch besondere Vereinbarungen, mit dem Inferenten als Provisionen etc. zusichern lassen, ist die Technik dieses Freibeuterthums längst hinweg und es hat sich eine reine Filigran-Arbeit auf diesem Gebiete entwickelt. Man schiebt als Gründer nichtssagende Personen vor und die wahren Gründer, welche jene Personen vorschieben, stehen draußen und theilen abredemäßig den Illationspreis mit dem Inferenten.

Der Inferent hat ein Abkommen mit einem rücksichtslos erwerbsüchtigen Bank-Institute geschlossen, welches ihm die Actien, in denen er den Erwerbspreis ausgeantwortet bekömmt, zu einem bestimmten Course unter pari abnimmt, und das sich wiederum mit den Gründern über eine Theilung des Gewinnes, welcher in der Differenz jenes Courses und des Paricourses liegt, vereinigt hat. Immer aber wird man in solchem Falle auf ein bei Gründung der Gesellschaft zwischen Inferenten und Gründer getroffenes Abkommen rekurriren können, vermöge dessen bestimmte Summen des sogenannten Inferirungspreises oder sonstige aus dieser Inferirung sich ergebende Vortheile den Gründern oder ihren Genossen zufallen und durch den Erwerbungspreis verdeckt werden sollen.

Der Satz, daß man verkaufen könne, zu welchem Preise man wolle, und daß es den Käufer nichts anginge, was man mit dem Preise mache, hat für alle diese Fälle nur eine Scheinwahrheit. Der sogenannte Illationsvertrag ist nur ein Theil des in Wahrheit getroffenen Abkommens und zwar der für die Oeffentlichkeit zurecht gemachte Theil. Das Geschäft ist auch rechtlich etwas Anderes, es ist eine societas de societate contrahenda. Die Gründer bewilligen den Preis nicht zu dem Zwecke, daß der Inferent mit demselben machen könne, was er wolle; sie bewilligen ihn mit der Auflage, von dem Preise vereinbarte Bestandtheile ihnen selbst oder noch anderen Personen, mit welchen sie sich zu dieser societas verbunden haben, herauszugeben. Gewiß ist die rechtliche Scheidung subtil, und es ist nach der jetzigen Lage der Gesetzgebung zweifelhaft, ob Staats-Anwalt und

Civilrichter sie machen werden, zumal für Beide die Verrückung der gesammten Sachlage durch die Entlastung der Gründer seitens der ersten Scheingeneralversammlung, und für den Civilrichter noch die formelle Beweistheorie im Wege steht.

Ich denke mir eine gesetzliche Regelung dieser die flagrantesten Mißstände ergebenden Angelegenheiten in folgender Weise:

Art. 209[b] müßte lauten:

„Wenn ein Actionair eine auf das Grundcapital anzurechnende Einlage macht, welche nicht in baarem Gelde besteht, oder wenn Anlagen oder sonstige Vermögensstücke von der zu errichtenden Gesellschaft übernommen werden sollen, so sind in dem Gesellschaftsvertrage der Werth der Einlage oder des Vermögensstückes und die Personen derjenigen, welche die Einlage machen oder die Anlagen nur als Vermögensstücke überlassen, sowie die Zahl der Actien oder deren Preis zu bestimmen, welche für dieselben gewährt werden. Jeder zu Gunsten eines Actionairs oder einer anderen Person bedungene besondere Vortheil ist im Gesellschaftsvertrage gleichfalls festzusetzen. Außerdem haben die Gründer der Gesellschaft, d. i. diejenigen, welche den Gesellschaftsvertrag errichtet und diejenigen, welche das Actiencapital gezeichnet haben, in den im Gesellschaftsvertrage bestimmten öffentlichen Blättern mindestens zweimal und zwar in Zwischenräumen von mindestens 8 Tagen, einen Bericht über das Actienunternehmen mit ihren Namensunterschriften zu veröffentlichen, welcher den Werth, zu welchem die Einlage oder das Vermögensstück angenommen ist, den Preis oder die Zahl der Actien, welche dafür gewährt werden, die Personen, welche die Einlage machen oder das Vermögensstück überlassen, die Zeit, während welcher die Einlage oder das Vermögensstück sich im Eigenthum oder der Verfügungsbefugniß des Ueberlassenden befunden hat, und jeden durch das Erwerbungsgeschäft oder neben demselben zu Gunsten eines Actionärs oder einer anderen Person bedungenen besonderen Vortheil besonders enthalten muß. Erst nach erfolgter Nachweisung dieser Veröffentlichung erfolgt die Eintragung der Gesellschaft in das Handelsregister.

Will die Gesellschaft innerhalb des ersten Jahres nach ihrer Errichtung Anlagen oder sonstige Vermögensstücke übernehmen, so wird die gedachte Uebernahme erst dann rechtsverbindlich, wenn Seitens des derzeitigen Aufsichtsraths und Vorstandes der Gesellschaft ein gleicher Bericht unter Angabe derselben Thatsachen in der angegebenen Weise in den Gesellschaftsblättern veröffentlicht worden ist."

Vor Art. 225[b] wäre alsdann ein besonderer Paragraph, der die Verantwortlichkeit der Gründer fixirt, wie folgt einzuschalten:

„Die Gründer der Gesellschaft sind persönlich und solidarisch der Actiengesellschaft für jeden der Gesellschaft durch die Erwerbung von Anlagen oder sonstigen Vermögensstücken entstandenen Schaden verantwortlich, wenn sie in Betreff der Erwerbung in dem in Art. 209[b] vorgesehenen Berichte wahrheitswidrige Angaben gemacht haben. Insbesondere tritt diese Verantwortlichkeit ein, wenn sie in dem Bericht das Erwerbungsgeschäft so eingekleidet haben, daß durch dasselbe die Gewährung von besonderen Vortheilen an sie selbst oder an dritte Personen auf Kosten der Gesellschaft verdeckt worden ist.

In diesem Falle kann die Gesellschaft auch ohne den Nachweis eines besonderen Schadens von den Gründern Ersatz in Höhe dieses verdeckt gewährten Vortheils fordern und haften für diesen Anspruch mit den Gründern solidarisch diejenigen, welche diese Vortheile nach Veröffentlichung des gedachten Berichts angenommen haben, sowie derjenige, welcher die Anlagen oder Vermögensstücke der Gesellschaft überlassen und in dem die Ueberlassung bewirkenden Uebereignungsvertrag ebenfalls das Geschäft so eingekleidet hat, daß dadurch die Gewährung der besonderen Vortheile verborgen worden ist. In gleicher Weise wie die Gründer haften diejenigen Mitglieder des Aufsichtsraths und Vorstandes, welche in den Fällen des Art. 209ᵇ Schluß-Alinea einen wahrheitswidrigen Bericht veröffentlicht haben.

Bei der Beurtheilung, ob in dem Bericht nur mit dem Ueberlassungsvertrage eine Einkleidung des Erwerbungsgeschäftes behufs Verbergung besonderer Vortheile stattgefunden hat, hat der erkennende Richter unter Erwägung aller vorliegenden Umstände und unter genauer Prüfung aller beigebrachten Beweise nach seiner freien, aus dem Inbegriff der stattgefundenen Verhandlungen geschöpften Ueberzeugung zu entscheiden, ob ein angetretener Beweis als geführt anzusehen sei oder nicht.

Von der gedachten Verantwortlichkeit können die verantwortlichen Personen Seitens der Gesellschaft erst mit dem Ablauf von fünf Jahren von der Eintragung der Gesellschaft im Handelsregister ab entlastet werden."

Endlich wäre bei Art. 249 eine besondere zusätzliche Strafvorschrift einzuschalten:

„Mit der Strafe des § 263 (Betrug) des D. St.-G.-B. werden diejenigen belegt, welche in dem in dem Art. 209ᵇ vorgesehenen öffentlichen Berichte oder sonst in öffentlichen Ankündigungen über Actienunternehmungen in der Absicht, sich oder Anderen Gewinn zu verschaffen, vorsätzlich falsche Thatsachen vorbringen oder für den Vermögensstand des Unternehmens erhebliche Thatsachen unterdrücken oder verschleiern. Sind die Ankündiger Mitglieder des Vorstandes oder des Aufsichtsraths der Gesellschaft, so findet auf sie die Bestimmung des § 266 (Untreue) des D. St.-G.-B. Anwendung."

Das Schluß-Alinea im Art. 209ᵇ ist eingeschaltet, um den bereits oben erwähnten Fall vorzusehen, daß die Inferirung des Vermögensstücks bis nach der Errichtung der Aktiengesellschaft verschoben und was in Wahrheit deren wesentliches Fundament ist, als scheinbarer Act der Verwaltung in der bereits errichteten Gesellschaft vorgenommen wird. Die Frist eines Jahres ist als das Limitum angenommen, bis zu welchem sich präsumtiv der Uebergang der Aktien auf das Publikum vollzieht, und es ist deshalb als Präsumtion aufgestellt, daß Alles, was bis zu diesem Zeitpunkt geschieht, aus der Entschließung der Gründer hervorgeht.

Nach dem von mir angenommenen Standpunkt, nach welchem ich eine Generalversammlung bei Errichtung der Gesellschaft für nutzlos, sogar für schädlich und das Unternehmen für das erste Jahr als von den Gründern geleitet erachte, werden diese im Statute den Aufsichtsrath für das erste Jahr wählen und soll diesem Aufsichtsrathe in den betreffenden Fällen dieselbe Verpflichtung wie den Gründern selbst obliegen.

Was die Verantwortung der Gründer gegenüber der Gesellschaft anlangt, so soll abgesehen von dem besonderen Falle der Verschleierung von Vortheilen, der Schadenanspruch wie jeder andere Anspruch begründet werden müssen. Ist im Verhältniß des wahren Werthes der Einlage zu dem angerechneten Werthe eine Differenz zum Nachtheil der Gesellschaft, so ist, falls die Angaben in den wesentlichen Puncten des Berichts unrichtig sind, dieser Schaden zu ersetzen, und es wird nur wegen der Unrichtigkeit der Angaben der Causalnexus zwischen der Unrichtigkeit und der Beschädigung präsumirt. Daß im Falle der Verdeckung eines besonderen Vortheils die Gesellschaft Ersatz dieses Vortheils auch ohne besonderen Schaden verlangen kann, halte ich für vollkommen zutreffend, da ich jeden Vortheil, so exorbitant er sein möge, zulasse, sofern er offen gelegt ist. Es erscheint daher diese Strafe für die Unwahrheit das völlig richtige Correlat. Aber auch die Ausdehnung dieser Verantwortlichkeit auf diejenigen, welche den Vortheil genossen, wie auf den Inferenten unter der angegebenen Voraussetzung erachte ich für nützlich und billig.

Die neuen Vorschriften können leicht dazu führen, daß vermögenslose Werkzeuge als Gründer präsentirt werden. Meistentheils wird aber doch auch hier ein Band zwischen diesen und denjenigen, welche sie behufs Erlangung der Vortheile vorgeschoben haben, nachweisbar sein. Wer den Vortheil, der in dem Berichte verdeckt worden ist, einnimmt, nimmt an der Beraubung der Gesellschaft Theil; die gleiche Complicität wird dem Inferenten zu suppeditiren sein, wenn er den Unterlassungsvertrag, durch welchen die Gesellschaft erwirbt, in einem mit dem verschleiernden Inhalt des Berichts conformen und diesen vorbereitenden Acte vornimmt. Thut er es nicht, sondern legt er die besonderen Vortheile in dem Vertrag offen, so werden sich die Gründer sicher scheuen, ihren Bericht völlig widersprechend den Verträgen einzurichten. Die freie Beweiswürdigung seitens des Civilrichters für Fälle der Versteckung der besonderen Vermögensvortheile entspricht den Postulaten, welche überall in den Fällen der Schwierigkeit des Nachweises von Versuren und Simulationen zur Anerkennung gelangt sind. Die supplirte Strafvorschrift erscheint als ein nothwendiges Complement der sehr dürftigen Strafvorschriften des Art. 249, der weit hinter demjenigen zurückbleibt, was in dieser Beziehung das französische Gesetz in den Artikeln 13—15 zu disponiren für nothwendig erachtet hat. Der Art. 15 Nr. 1 des gedachten Gesetzes bestraft mit den Strafen der „escroquerie" Ceux qui par simulation de souscriptions ou de versements ou par publication faite de mauvaise foi, de souscriptions ou de versements, qui n'existent pas, ou de tous autres faits faux ont obtenu, ou tenté d'obtenir des souscriptions ou des versements.

Die allgemeine Fassung erscheint nothwendig, um auch diejenigen zu treffen, welche, ohne zu der Gesellschaft in einem besonderen Pflichtverhältniß zu stehen, durch öffentliche Subscriptionsaufforderungen den Uebergang der Actien von den ersten Zeichnern auf das Publikum vermitteln.

Ich verhehle mir nicht, daß der gedachte Apparat auch loyalen Gründern unangenehme Hindernisse bereiten wird, und dieselben es unangenehm empfinden werden, mit der Manifestation besonderer Vortheile vor das Publicum zu treten, deren sie bei dem besonderen Risico nicht entbehren zu können glauben; aber ich hoffe, daß dies den Erfolg haben wird, daß sie sich des eigentlichen Gründergewinns entschlagen und ihren Vortheil in der Unterbringung der Actien über Pari finden werden. Bei gesunden Unternehmungen — ich sehe dabei von denjenigen Unternehmungen, durch welche Werthe erst hergestellt werden sollen, insbesondere von Eisenbahnunternehmungen, welche einer besonderen Beurtheilung unterliegen müssen, ab — würde dies sehr möglich sein.

Besonders dringende Gründe nach andern Richtungen, als den hier berührten, den Grundsatz der Oeffentlichkeit näher zu präcisiren, scheinen mir nicht vorzuliegen. Es wird allerdings ganz nützlich sein, wenn auch bei denjenigen Gesellschaften, welche nicht den Erwerb von Anlagen zur Voraussetzung haben, sowohl die Personen der Gründer, wie die Personen der jedesmaligen Aufsichtsrathsmitglieder und die Personen der Revisoren durch das Handelsregister mitgetheilt werden, wenn ferner das Recht jedes Actionairs, Einsicht von den die Gründung wie die Erwerbung von Anlagen betreffenden Verträgen und mindestens 14 Tage vor Beginn der ordentlichen Generalversammlung von der aufgenommenen Inventur und Bilanz zu nehmen, so wie sich eine Abschrift der Bilanz und des Berichts der Revisoren übergeben zu lassen, ausdrücklich anerkannt wird[16]), und wenn ferner von allen Statuten-Aenderungen sowie von jedem Wechsel in den Personen des Verwaltungsorganismus in den Gesellschaftsblättern ausführliche Nachricht gegeben werden muß.

Das System der handelsgerichtlichen Publikationen ist ein ziemlich unzureichendes, und es können die eingreifendsten Aenderungen vorfallen, ohne daß dieselben gerade unter die Nomenclaturen 1—6 des Art. 210 fallen. Mir sind Fälle bekannt, in welchen in Folge dem Aufsichtsrath ertheilter Ermächtigungen das ganze Statut in der eingreifendsten Form geändert worden ist, und weil dabei die Criterien dieser Nr. 1—6 geschont blieben, die Publikation mit den Worten: „die §§ cc des Statuts — es waren dies die sämmtlichen Paragraphen des Statuts — sind geändert" im Einklang mit dem Gesetz erfolgt ist. Nach Inhalt der aufge-

---

16) Dies bestimmt Artikel 35 des Französischen Gesetzes von 1867.

stellten gutachtlichen Fragen scheint ein besonderes Gewicht darauf gelegt zu sein, ob und in wie weit die Befreiung der Zeichner von der Haftung nach Einzahlung der ersten 40% sich bewährt habe, und ob eine Aenderung dieser Bestimmung vom Standpunkt einer Reform der Actiengesetzgebung geboten erscheine.

Ich muß das Letztere nach meinen Erfahrungen unbedingt verneinen. Keine der so zahlreich eingetretenen Unzukömmlichkeiten ist auf diesen Punkt zurückzuführen. Das gedachte Princip ist bei den Berathungen des französ. gesetzgebenden Körpers der Hauptgegenstand der heftigsten Discussionen gewesen, und man gelangte schließlich zu einem Compromiß, wonach diese Liberirung nur, im Fall sie in den Statuten vorgesehen, nach Einzahlung der Hälfte des Actiencapitals zulässig und von einem dann zu fassenden Beschlusse einer Generalversammlung abhängig sei, daß aber auch in diesem Fall die ursprünglichen Zeichner resp. ihre Cessionare noch zwei Jahre von jenem Beschlusse ab, für die restirende Hälfte verhaftet sein sollten [17].

Das englische Gesetz und die amerikanischen Gesetze gestatten die Umwandlung von Actien in Inhaberpapiere erst nach Vollzahlung und England hat sich zu diesem Principe sogar erst in dem Gesetz vom 20. August 1867 entschlossen [18].

In gleicher Weise gestattet das holländische Gesetzbuch von 1838 Titel III p. 41 die Umwandlung der Actien in Inhaberpapiere erst nach Zahlung ihres vollen Betrages.

Das italienische Gesetz gestattet bedingungslos die Umwandlung der Actien in Inhaber=Actien, sobald die erste Hälfte des Nominalbetrages eingezahlt worden [19]. Unser Gesetz verleiht im Vergleich mit diesen Gesetzgebungen die meiste Freiheit. Es verlangt, sobald die Befreiung im Gesellschaftsvertrage vorgesehen, nur die Erfüllung der in demselben aufgenommenen, der Parteien Willkür überlassenen Maßgaben, und es tritt bei Erfüllung derselben ein interimistischer Zustand fernerer Haftung nicht ein.

Zwei Rücksichten könnten doch allein für die Aufhebung der betreffenden Bestimmungen maaßgebend sein. Zuvörderst das Interesse der Gläubiger. Dieselben können indeß sehr wohl aus den Statuten ersehen, daß das nominelle Grundkapital als effectiv nur in Höhe von 40% zuzüg=

---

[17] Artikel 3 des Gesetzes von 1867 cfr. Mathieu et Bourgignat S. 21 f.

In dem französischen Eisenbahngesetz vom 15. Juli 1845 war bereits bestimmt, daß die souscripteurs persönlich nur für die Hälfte der gezeichneten Beträge haftbar blieben. Aehnliche Bestimmungen finden sich schon bei der société générale des Assurances, gegründet im Mai 1686 von Ludwig XIV. und in den Statuten der compagnie des Indes 1684, wie Troplong im Traité des sociétés nachweist. cfr. Mathieu S. 319.

[18] Artikel 27—36 der Companies Act von 1867.

[19] Artikel 151 des Gesetzes vom 25. 1865.

Nach Artikel 39 des neuen belgischen Gesetzentwurfs sollen die Actien erst nach Vollzahlung Inhaberactien werden dürfen.

lich derjenigen Erlöse, welche aus dem Verkaufe der verfallenen Actien erzielt werden, anzusehen ist, und eine Gesellschaft, welche aus diesem Verkaufe der ganzen Actien nicht noch 50—60% ihres Nominalbetrages löst, wird schon von vornherein sich keines allzugroßen Credites erfreuen.

Einem etwaigen Interesse des Publikums als Actiennehmer daran, daß die ursprünglichen Zeichner mit ihrem vermögensrechtlichen Interesse noch längere Zeit an das Unternehmen gebunden sind, steht andererseits der berechtigte Wunsch zu loyalen Zwecken vereinigter Capitalisten entgegen, nicht zu lange mit Summen brach zu liegen, welche schließlich nicht ihnen oder doch wenigstens nicht ihnen allein zu Gute kommen sollen. Je größer in dieser Beziehung das Engagement der ersten Zeichner, desto gerechtfertigter ihr Anspruch auf besondere Vortheile auf Kosten der Gesellschaft. Erfahrungsgemäß kommen die liberirten Aftien gerade bei den loyalen Unternehmungen vor. Wo der Zweck unerlaubter Gewinn ist, insbesondere bei dieser Kategorie eigentlicher Gründungsgesellschaften, operirt man mit sofort vollgezahlten Actien. Es liegt dies auch in der Natur der Sache; der Inferent will seinen Preis haben und stundet denselben nicht der Gesellschaft. Die Gesellschaft muß volle Actien ausgeben, um den Preis resp. die Preisantheile der Genossen des Inferenten zu bezahlen. In der Regel bezahlt die Gesellschaft den Inferenten mit Actien und dieser will sein Geld bald aus der Sache ziehen und den etwaigen Coursrückgang den Abnehmern der Actien aufbürden, er kann also nur vollgezahlte Actien brauchen.

2. Was nun die fernere Frage anlangt,
„ob die Organisation der Leitung und Verwaltung der Actiengesellschaften einer veränderten Regelung bedarf",
so ist in dieser Beziehung zu bemerken, daß die Gliederung des Organismus in Vorstand und Aufsichtsrath allerdings ganz zweckmäßig ist, daß aber, wenn wie bei uns, diese Organe die einzig obligatorischen sind und, wie dies alinea 3 des Artikel 239 H.-G.-B. zuläßt, der Aufsichtsrath zur Entlastung des Vorstandes bei der Rechnungslegung legitimirt erscheint, von einer wirksamen Controlle der Geschäftsführung nicht die Rede sein kann.

Das französische Gesetz von 1867 kennt als Organ der Actiengesellschaft nach Artikel 22:

1) un ou plusieurs Mandataires, pris parmi les associés, weiterhin genannt administrateurs.

Diese können wählen parmi eux un directeur oder se substituer un mandataire étranger à la société, für den sie verantwortlich sind, und

2) nach Artikel 32 un ou plusieurs commissaires. Diese Letzteren sind, wie dies die folgenden Artikel ergeben, die in unseren Statuten als Rechnungs-Revisoren bezeichneten Personen.

Nur bei den bloßen Commandit-Actiengesellschaften steht dem gérant ein conseil de surveillance — Artikel 5 — gegenüber, welches nach

2*

Artikel 10 für diese alle Funktionen der commissaires bei der Actiengesellschaft ausübt.

Indem unser Gesetz das Organ des Aufsichtsraths auch auf die Aktiengesellschaften übertrug, scheint es ein besonderes Organ der commissaires für entbehrlich erachtet zu haben [20]). Diese Auffassung ist aber nicht richtig. Der Aufsichtsrath bei der Commanditgesellschaft hat deshalb die Natur eines wirklich controlirenden und beaufsichtigenden Organs, weil ihm der gérant, der persönlich haftende Gesellschafter, mit selbständigen Interessen und selbständigen Functionen gegenüber steht.

Bei der Actiengesellschaft ist der Vorstand lediglich ein amovibler Beamter, der nur formell nach Außen die Execution übt, und insofern er in gesellschaftführenden Directoren besteht, den technischen Theil des Unternehmens selbständig leitet.

Im Uebrigen führt der Aufsichtsrath die Geschäfte durch ihn. In Wahrheit ist der Aufsichtsrath ein Verwaltungsrath, und er und der Vorstand sind in Wahrheit zusammen nichts Anderes als die mandataires des Artikel 22 des französischen Gesetzes getheilt in verwaltende und vollziehende Factoren.

Es ist daher völlig verkehrt, wenn man zuläßt, daß dieser Aufsichtsrath am Ende des Geschäftsjahres selbst die Controlle seiner eigenen Geschäftsführung vornimmt, dem Vorstand Decharge ertheilt und sich selbst nach Vorlegung von Geschäftsbericht und Bilanz die Decharge ertheilen läßt. Die Actionäre müssen unbedingt ein Organ haben, welches die Controlle über die Geschäftsführung ausübt und die Bilanz führt, ehe auf Grund derselben eine Feststellung von Dividenden und eine Entlastung der geschäftsführenden Organe eintreten kann.

Dieses Organ muß der Gesetzgeber zu einem obligatorischen machen. Anzuknüpfen ist dabei allerdings an die bisher in vielen Statuten gebräuchlichen, vor dem Gesetz von 1870 in der Regel als Organ aufgestellten Revisoren.

Um aus denselben ein lebensfähiges Organ zu machen, muß sie aber der Gesetzgeber mit bestimmten Functionen und Verantwortlichkeiten ausstatten.

Die Personen, die bisher diese Functionen ausüben, führen keine wirksame Controlle.

Sie vergleichen die Bücher mit der aufgestellten Bilanz, verificiren die Uebereinstimmung unter der Bilanz und erscheinen selbst kaum in der Generalversammlung.

Von der Richtigkeit der Bilanz hängt aber die Gesundheit des Gesellschaftsorganismus ab.

---

[20]) Mathieu et Bourgignat Commentaire sagen S. 212, daß zwischen commissaires und conseil de surveillance in Betreff ihrer Pflichten große Analogie herrscht, und daß insbesondere den commissaires statutenmäßig auch noch weitere Aufsichtsrechte, als ihnen gesetzlich zustehen, eingeräumt werden können.

Durch gleißnerische Bilanzen werden oft die Differenzen zwischen dem Werth der übermäßig theuer erworbenen Objecte und dem dafür verwandten Actiencapital verdeckt und fictive Dividenden geschaffen. Ich würde folgende Grundsätze aufstellen:

„Für jedes Geschäftsjahr hat die Generalversammlung zwei oder mehrere Personen zu erwählen, denen die Prüfung der Verwaltung der Gesellschaft während des Geschäftsjahres und der für dasselbe aufzustellenden Inventur und Bilanz obliegt. Diese Personen können Actionäre oder auch Dritte, dürfen aber weder Mitglieder des Vorstandes, noch des Aufsichtsraths, noch sonst Gesellschaftsbeamte sein.

Denselben kann für ihre Thätigkeit eine Vergütung von der Generalversammlung festgesetzt werden. Dieselben haben in den letzten drei Monaten, welche dem Zeitpunkte des Zusammentritts der das verflossene Geschäftsjahr abschließenden ordentlichen Generalversammlung vorausgehen, die gesammte Verwaltung der Gesellschaft, sowie die aufzunehmende Inventur und Bilanz ihrer Prüfung zu unterwerfen und hierüber einen schriftlichen Bericht an die Generalversammlung zu erstatten, welcher spätestens vierzehn Tage vor der Generalversammlung am Sitze des Geschäftslocals der Gesellschaft auf Verlangen jedes Actionärs demselben in Abschrift zugänglich gemacht werden muß.

Die geschäftsführenden Organe sind verpflichtet, diesen Revisoren alle auf die Verwaltung der Gesellschaft bezüglichen Urkunden, Bücher, Verläge und Schriftstücke vorzulegen. Absichtliche Verheimlichungen von Schriftstücken sind mit schweren Strafen zu ahnden. Die Revisoren müssen in der Generalversammlung anwesend sein und haben den Actionären auf Erfordern über die an sie gerichteten Fragen nähere Auskunft zu ertheilen.

Kein Beschluß der Generalversammlung bezüglich der Feststellung und Auszahlung der Dividende und der Entlastung des Aufsichtsraths und Vorstandes in Betreff der Geschäftsführung ist gültig, wenn ihm nicht die Erstattung des Berichts der Revisoren über die Bilanz und Geschäftsführung vorausgegangen ist.

Die ersten Revisoren werden von einer mit Ablauf eines Jahres von Errichtung der Gesellschaft ab einzuberufenden Generalversammlung gewählt.

Dieselben haben sowohl die Verwaltung dieses Jahres, wie auch die Hergänge bei der Gründung der Gesellschaft unter Berücksichtigung des nach Artikel 209^b erlassenen Gründerberichts ihrer Prüfung zu unterziehen, und sind ihnen sämmtliche auch hierauf bezüglichen Urkunden vorzulegen.

Einer bis zum Ablauf von drei Monaten von der geschehenen Wahl ab zu berufenden ferneren Generalversammlung ist der Bericht hierüber mit den erforderlichen Anträgen zu erstatten, und erfolgt erst in dieser Generalversammlung die Feststellung der Bilanz und Dividende für das erste Geschäftsjahr der Gesellschaft.

Eine Entlastung der Gründer kann aber erst mit Ablauf von fünf Jahren von Errichtung der Gesellschaft ab, beschlossen werden.

Die Revisoren haben die Prüfung mit der Sorgfalt eines ordentlichen Geschäftsmannes vorzunehmen und sind bei Verletzung dieser Pflicht für allen der Gesellschaft dadurch entstehenden Schaden, insbesondere wenn ihrem Berichte gemäß die Entlastung geschäftsführender Organe oder die Feststellung von Dividenden zu Unrecht beschlossen wird, verantwortlich.

Die Revisoren sind berechtigt, selbständig Generalversammlungen zu berufen.

Sie sind berechtigt und verpflichtet, wenn sich bei der Prüfung der Gründung resp. Verwaltung der Gesellschaft Anzeichen bei der Gründung oder Verwaltung stattgefundener Unredlichkeiten oder gröblicher Verletzungen der Interessen der Actionäre durch die Geschäftsführung finden, bei dem Gericht am Sitz der Gesellschaft die Vornahme einer gerichtlichen Untersuchung über die von ihnen näher zu bezeichnenden Thatsachen zu beantragen. Die für Handelssachen zuständigen collegialen Gerichte erster Ordnung, resp. so lange die bisherigen Prozeßordnungen noch in Kraft bleiben, die Deputationen zur Verhandlung und Entscheidung der im mündlichen Verfahren kollegialisch zu verhandelnden Civilprocesse entscheiden auf den Antrag in mündlicher Verhandlung nach Anhörung der Mitglieder des Vorstandes der Gesellschaft.

Das Gericht prüft nur, ob die von den Revisoren vorgebrachten Thatsachen als Anzeichen vorgekommener Unredlichkeiten oder gröblicher Verletzungen der Gesellschaftsinteressen anzusehen sind und ordnet in diesem Falle eine Untersuchung unter Angabe der Gegenstände, auf welche sie sich zu erstrecken hat, an.

Die Untersuchung wird durch einen Richtercommissar geführt, welcher zur Vernehmung von Zeugen und Sachverständigen, sowie zur Einsicht sämmtlicher Bücher und Urkunden der Gesellschaft befugt ist. Derselbe erstattet nach Beendigung der Untersuchung einen Bericht über deren Ergebnisse an das Gericht, das ihn beauftragt hat, und erhalten von diesem Berichte die Revisoren und der zuständige Staatsanwalt Abschrift.

Unterläßt die zuständige Generalversammlung die Wahl von Geschäftsrevisoren oder lehnen diese die auf sie gefallene Wahl ab, so sind die Mitglieder des Aufsichtsraths und des Vorstandes der Gesellschaft verpflichtet, beim Vorstande des für den Sitz der Gesellschaft zuständigen Gerichts die Bestellung zweier Revisoren zu beantragen.

Die so bestellten Revisoren haben alle Rechte und Pflichten gewählter Revisoren."

Einer besonderen Erläuterung werden diese Sätze nicht bedürfen.

Daß die ersten Revisoren nicht in der sogenannten constituirenden Generalversammlung gewählt werden, hat seinen Grund darin, daß sie dann durch die Gründer selbst gewählt würden.

Die Generalversammlung soll eben gerade durch unbefangene Elemente den Gründungshergang und das erste Verwaltungsjahr prüfen dürfen. Daß die Revisoren erst kurz vor Ablauf der Verwaltungsperiode in Function treten, halte ich für sehr heilsam. Sie sollen in keiner Weise in die Geschäftsführung verflochten und in keinen dauernden Contact mit den Verwaltungsorganen gebracht werden.

Es ist möglich, daß das erste Geschäftsjahr kürzer als ein ganzes Jahr ist. Sollte statutenmäßig daher schon früher zum Abschluß des ersten Geschäftsjahres eine Generalversammlung einberufen werden, so kann diese hiernach die Bilanz nur provisorisch feststellen.

Endgültig entscheidet nur die nach Ablauf eines wirklichen Jahres und nach Wahl von Revisoren drei Monate nach dieser Wahl einberufene Generalversammlung über Geschäftsführung und Abschluß für das erste ganze Jahr. In dieser Versammlung kann dann auch gleichzeitig die Wahl der Revisoren für das zweite Geschäftsjahr erfolgen.

Auch im französischen Gesetz ist die Verantwortlichkeit der commissaires ausgesprochen.

Nach Artikel 43 haften sie nach den Regeln des Mandats.

Die Casuistik, die sich bei Anwendung dieses Grundsatzes zwischen mäßigen und geringem Versehen, je nachdem sie Bezahlung empfangen oder nicht, herausstellen würde, läßt es zweckmäßig erscheinen, die Diligentia des Art. 282 H.-G.-B., die kaufmännische Sorgfalt, in Anwendung zu bringen. Es handelt sich in Wahrheit um eine kaufmännische Thätigkeit. Wer ein derartiges Geschäft übernimmt, muß dafür eintreten, daß er die Qualifikation dazu besitzt und muß sich bewußt sein, daß er verantwortlich ist.

Finden sich freiwillig Personen zur Uebernahme dieser verantwortlichen Stellung nicht, so tritt der Staat ein und bestellt die gerichtlichen Experten, wozu er in Bücherrevisoren, Concursverwaltern ein geeignetes und mindestens doch bildungsfähiges Material haben dürfte.

Was den Aufsichtsrath betrifft, so setze ich eine Bestimmung voraus, wonach Niemand in diese Function berufen werden kann, dessen sonstiges Interesse mit der Function collidirt [20]).

Wird er durch Hinzufügung eines besonderen Controllorganes zu einem wahren Verwaltungsorgane, so wird man ihn wie den Vorstand für omnis culpa, zum Mindesten für die Sorgfalt eines ordentlichen Kaufmannes bei der Geschäftsführung verantwortlich machen können [21]).

3. Was endlich die Individualrechte des Actionärs anlangt, diejenigen Rechte, die seine Vermögensansprüche von den Beschlüssen der Generalversammlungen bis zu einem gewissen Grade unabhängig machen sollen, so erscheint es mir zweckmäßig:

---

21) Zweckmäßig ist in dieser Beziehung die Bestimmung des Artikel 138 des italienischen Gesetzes, welches sagt:

Administratoren der Gesellschaft können weder der Bankier der Gesellschaft noch jene Personen sein, welche für Rechnung derselben einen Bau oder, sei es mittelbar oder unmittelbar eine Lieferung von Materialien übernommen haben.

22) cfr. Bekker und Goldschmidt's Archiv Bd. 17, S. 419.

einmal, daß, um die Entstehung rein factiöser Generalversammlungen zu verhüten, entsprechend dem Artikel 13 des Französ. Gesetzes eine Strafvorschrift gegen diejenigen, welche in Generalversammlungen als Eigenthümer von Actien, die ihnen nicht gehören, auftreten und dadurch Beschlüsse herbeiführen, die ohne ihr Mitstimmen als Eigenthümer nicht, resp. nicht mit Gültigkeit gefaßt worden wären, so wie gegen diejenigen, welche die Actien dazu hergegeben haben, festgesetzt wird,

daß ferner auch den Minoritäten die Möglichkeit, Rechte wider Gründer, Vorstand, Aufsichtsrath und Mitactionäre zu verfolgen, durch eine Bestimmung erleichtert wird, wonach etwa Besitzer eines Zwanzigstel des Actiencapitals das unbedingte Recht der Klagekumulation haben und in gemeinschaftlichem Interesse zur Verfolgung dieser Rechte Vertreter bestellen können, welche die Rechte dieses Complexes von Actienbesitzern selbstständig mit Gerichtsstandsfähigkeit verfolgen können[23].

daß ferner jedem einzelnen Actionär trotz entgegenstehender Beschlüsse der Generalversammlungen das Recht verbleibt, gegen die verantwortlichen Organe, wenn auch nicht wegen vertretbarer Versehen bei der Geschäftsführung, so doch wegen Verletzung der gesetzlich und statutarisch normirten Gründungs- und Geschäftsführungserfordernisse die Ansprüche zu verfolgen[24].

---

[23] Dies bestimmt zweckmäßig der Artikel des französischen Gesetzes.

In Preußen giebt schon die Cabinetsordre vom 7. Mai 1838 bei gleichartigen Ansprüchen ein Recht der Klagecumulation.

Die Streitgenossenschaft einer Vielheit von Actionären ist aber, wenn die Ansichten auseinandergehen, während des Prozesses von großen Unzukömmlichkeiten begleitet, welche gehoben werden, wenn gesetzlich bloß bestimmte von ihnen gewählte Vertreter als selbstständige Partei angesehen werden.

[24] Die Artikel 225b und 241 des Handelsgesetzbuches sind hierüber sehr unklar. Sie erschöpfen in keiner Weise das erforderliche Maß der Verantwortlichkeit, welche sich auf alle Ueberschreitungen des Gesetzes wie des Gesellschaftsvertrages erstrecken müßte. Sie nennen die Mitglieder des Vorstandes und Aufsichtsraths persönlich und solidarisch verantwortlich, ohne zu sagen wem. In Art. 194, 195 kennt das Gesetz den Einzelactionär nur als Intervenienten. cf. Bekker und Goldschmidt, Bd. 17, S. 441 f.

Behrend, in Goldschmidt's Archiv Bd. 12 S. 1 f., führt aus, daß dem Einzelactionär selbst bei Uebertretungen des Gesetzes wie des Statuts durch die Gesellschaftsorgane kein Klagerecht zustehe. Bei bloßem vertretbarem Versehen bei der Geschäftsführung, sofern nicht Verletzungen des Gesetzes oder Gesellschaftsvertrages zu Grunde liegen, kann m. E. der Einzelactionär sein Rügerecht nur in der Generalversammlung geltend machen, und erschöpft er sein Recht daselbst.

Dagegen muß ihm das Gesetz das Verfolgungsrecht bei Verletzungen der Gesetze und des Statutes einräumen, da diese Rechte durch die Vergesellschaftung nicht alterirt werden. Zweifelhaft kann es sein, welchen Erfolg dieses Verfolgungsrecht haben soll; hat die Generalversammlung die Verfolgung abgelehnt, so wird der Actionär in eigenem Interesse den Schaden, soweit er auf sein Actienantheilsrecht fällt, für sich selbst beanspruchen dürfen, der Gesammtschaden der Gesellschaft wird sich um den Betrag mindern, der dem Einzelactionär zuerkannt wird.

Ist die Generalversammlung mit der Beschlußfassung über die Verfolgung noch gar nicht befaßt worden, so wird der Einzelactionär nur den Ersatz des Gesammtschadens zur Gesellschaftskasse klagend beanspruchen können.

daß endlich einer bestimmten Anzahl von Actionären — etwa ein Fünftel des Actiencapitals ausmachend — das Recht, eine gerichtliche Untersuchung wegen Unzukömmlichkeiten herbeizuführen, ebenso, wie dies oben den Revisoren vindizirt ist, zugestanden wird, nur mit dem Unterschiede, daß, da diese Actionäre nicht die Autorität der Revisoren in Anspruch nehmen können, hier das Gericht vor Einleitung die Richtigkeit der zur Bescheinigung vorgekommener Unredlichkeiten vorgebrachten Thatsachen, falls sie bestritten werden, einer summarischen künftigen Erörterung unterwirft.

Was diesen letzten Punkt anlangt, so kennt hier das Englische Gesetz vom 7. August 1862 in den Artikeln 57—60, entsprechend den Artikeln 48 folg. des früheren Gesetzes vom 14. Juli 1856, die Ernennung von Inspectoren durch das Handelsamt Board of Trade auf Antrag eines Drittels der Actionäre bei Actienbanken, resp. eines Fünftels bei anderen Actiengesellschaften um die Angelegenheiten der Gesellschaft zu prüfen und darüber nach den Bestimmungen des Handelsamts Bericht zu erstatten. Diesen Inspectoren sind alle Urkunden vorzulegen. Sie können alle Beamten und Agenten der Gesellschaft eidlich vernehmen. Die Inspectoren erstatten nach beendeter Prüfung ihren Bericht an das Handelsamt, welches eine Abschrift der Gesellschaft und eine fernere den Actionären, welche die Untersuchung beantragt haben, zustellt.

Die Gesellschaft kann auch diese Inspectoren durch Specialbeschluß aus ihrer Mitte bestellen.

Die Anordnung ist den New York Statutes entnommen [25]).

Für unsere Verhältnisse erscheint die Uebertragung einer derartigen Untersuchung an den Richter geeigneter [26]), da dem Staat die angemessenen Organe dazu fehlen.

Ich will zum Schluß noch einige Worte über die neuerdings so viel besprochene Emission von Actien unter pari hinzufügen. Die Thatsache, daß bei Actienunternehmungen, welche den Betrieb erst noch herzustellender Werke, insbesondere Eisenbahnen, zum Gegenstande haben, mit Rücksicht auf die Vorbereitungszeit und die relative Unsicherheit des Gelingens der Herstellung für den normirten Aktiencapitalsbetrag die Aktien beim Publikum nur unter ihrem Nominalbetrag Absatz finden, steht fest.

Die Gründer wollen den Coursverlust nicht tragen.

Es bleibt daher nichts übrig, als das Grundkapital so zu normiren, daß nach Abrechnung des unvermeidlichen Coursverlustes noch die zur Herstellung des Werkes resp. der Eisenbahn erforderliche Summe vorhanden ist.

Diese Thatsachen sind so notorisch, daß selbst der Staat sie in den

---

25) cfr. Güterbock, die Englischen Actiengesellschaften von 1856 und 1857, S. 45, Note 81.
26) Auch der neue belgische Entwurf, der ein solches Untersuchungsverfahren im Artikel 123 kennt, überträgt es dem Richter.

eine Zinsgarantie bezweckenden Verträgen mit Eisenbahngesellschaften berücksichtigt resp. anerkennt.

In den §§ 6 und 7 des Vertrages des Preußischen Staates mit der Rheinischen Eisenbahn-Gesellschaft vom 10. April 1866 (G. S. 1866 S. 448 f.) ist der Fall der Begebung der Aktien unter pari ausdrücklich vorgesehen.

Im § 6 des Vertrages der Thüringischen Eisenbahngesellschaft mit den betheiligten 5 Regierungen vom 4. December 1867 (G S. 1868 S. 562 ist die Ausgabe der Aktien zum Course von nicht unter 90% gestattet. Man hilft sich in der Wissenschafft damit, diese Bestimmungen gegnüber der ausdrücklichen Bestimmung des Artikel 222 H.-G.-B. als Specialgesetze anzusehen [27]).

Wenn dieser Zustand unvermeidlich ist, so ist es ein unthunlicher Zustand, das Erforderniß des Artikel 222 formell aufrecht zu erhalten und den Verfuren und Fictionen, die geschehen, um denselben zu umgehen, durch die Finger zu sehen.

Das Publikum hat nur das Interesse, daß auch wirklich mit dem für die Aktien vereinnahmten Gelde der Körper, aus dessen Ertrag ihm seine Dividende gewährt werden soll, hergestellt wird.

Daß nicht der gesammte Nominalbetrag des Grundkapitals in den Baukörper verwendet wird, weiß es und muß es schon deshalb wissen, weil ihm ein Theil desselben ja als Bauzinsen zurückgewährt wird.

Das Publikum nimmt bewußt für denselben Preis ein Papier von 500 Thlr. Nominal, welches 1% bringt, lieber als ein Papier von 100 Thlr. Nominal welches 5% bringt.

In Wahrheit ist eine solche Aktie nur ein quotitaler Antheil von einem bestimmt normirten Herstellungswerthe. Die Aktie über 100 Thlr. sagt nur: deine Betheiligung verhält sich zur Gesammtbetheiligung, wie 100 Thlr. zum angenommenen Herstellungswerthe.

Die Hauptsache bleibt immer, daß mit dem Aktienkapital die Herstellung des betriebsfähigen Körpers bewirkt wird.

---

[27] cfr. Anschütz und Völderndorff Commentar zum Handelsgesetzbuch Bd. 2, S. 509.

Daß das sächsische Gesetz über die juristischen Personen vom 14. Juni 1868 in § 41 die Ausgabe der Actien unter dem Nennwerthe statuirt, und nur die Anmeldung eines darauf abzielenden Beschlusses zum Gesellschaftsregister und eine Veröffentlichung im Amtsblatte und in der Leipziger Zeitung verlangt, kann als bekannt vorausgesetzt werden.

Eine Emission unter pari kommt thatsächlich auch bei uns vor, wenn nach Liberirung der ersten Zeichner nach Einzahlung von 40% die weiteren Einzahlungen, trotz Aufforderung, nicht geleistet und hierauf die Actienrechte an der Börse gegen einen Erlös, der die restirenden 60% nicht deckt, verkauft werden, welche Befugniß dem Aufsichtsrath fast alle Statuten einräumen. Das englische Gesetz über Eisenbahngesellschaften vom 20. August 1867 — Railway Companies Act — steuert in Satz 27—29 der Befugniß Actien unter pari auszugeben.

Ich erachte daher die Ausgabe von Aktien unter pari für statthaft, sofern:

1) es sich um ein Unternehmen handelt, welches Behufs des Betriebes erst die Herstellung eines Werkes oder Körpers voraussetzt;

2) das Maximum zulässiger Bauzinsen, so wie der Vorbereitungszeit in welcher diese Zinsen gewährt werden können, so wie ferner das Minimum — etwa zwei Drittel — welches auf jede Aktie eingezahlt sein muß, ehe die Aktie ausgegeben werden kann, durch das Gesetz fixirt werden;

3) die Ausgabe unter pari so wie der Minimalbetrag, der eingezahlt sein muß, ehe Aktien ausgegeben werden können, im Statut festgesetzt sind, und die Actien nicht über den Nominalbetrag als eingezahlt lauten, sondern über Antheile an dem normirten Herstellungswerthe in Höhe des Nominalbetrags ausgestellt werden;

4) die Gründer vor Eintragung der Gesellschaft in einem durch die Gesellschaftsblätter zu veröffentlichenden Bericht den Umfang und die Art des herzustellenden Werks, den angenommenen Herstellungswerth, die Zeit bis zur Herstellung, einen specialisirten Kostenanschlag, in welchem die effectiven Herstellungskosten von den Coursverlusten getrennt werden, und den wesentlichen Inhalt des Bauvertrages, der bereits geschlossen sein muß, insbesondere die Person des Erbauers, den Preis für den Bau und die Modalitäten seiner Zahlung veröffentlichen;

5) die Gründer durch das Gesetz im Falle wahrheitswidriger Angaben oder Verheimlichungen wesentlicher Thatsachen in diesem Bericht oder im Falle groben Versehens bei der Veranschlagung der Kosten der Gesellschaft für den Fall, daß das Werk mit dem Actienerlös nicht hergestellt wird, für das hierzu Fehlende haftbar gemacht werden.

Berlin, im April 1873.

Gutachten
über das
Actiengesellschaftswesen
erstattet von

Dr. Goldschmidt, Reichs-Gerichtsrath in Leipzig.

Der ständige Ausschuß für die Versammlungen zur Besprechung der socialen Frage hat mich zur Erstattung eines Gutachtens über die hinsichtlich der Aktienunternehmungen formulirten Fragen aufgefordert.

Seither sind die gleichen Fragen Gegenstand sorgfältiger parlamentarischer Untersuchungen geworden, welche ein sehr reiches und für die Gesetzgebung fruchtbares Material ergeben dürften. Wahrnehmungen Einzelner haben unter diesen Umständen mindestens nicht den ganzen Werth, welchen man denselben etwa bei Stellung der Fragen beimaß, und Reformvorschläge sind bereits in den Bereich der öffentlichen Erörterungen getreten. Aus diesem Grunde dürfte es genügen, ohne nähere Begründung, auch wenn meine Berufsarbeiten mir zu solcher die erforderliche Muße gestattet hätten, auf die gestellten Fragen zu antworten, und will ich nur bemerken, daß der höchste Gerichtshof bisher nur in wenigen, wenn auch wichtigen Fällen Veranlassung gefunden hat, sich mit hier einschlägigen Fragen des Aktiengesellschaftsrechts zu befassen.

A. Allgemeine Punkte.

„1. Welche etwaigen Mißstände haben sich neuerdings, namentlich seit 1870 in Deutschland
    a. bei der Gründung und Errichtung,
    b. bei der Geschäftsführung
der Aktiengesellschaften im Allgemeinen oder bei einzelnen besonderen Arten gezeigt?"

Ad a. Die bekannten Mißstände sind wesentlich bereits seit Jahrhunderten in allen Ländern Europa's hervorgetreten, nur in letzter Zeit massenhafter als früher, entsprechend dem durch Vermehrung der Kapitalien und den Wegfall geschäftlicher Unsicherheit gesteigerten Associationstriebe. Ihr Wachsthum ist kein qualitatives, sondern ein quantitatives. Der Wegfall der Staatsconcession hat die Vermehrung der Aktiengesellschaften, nicht aber die Mißstände befördert, höchstens die letzteren in höherem Grade aufgedeckt. Eisenbahnunternehmungen, bei welchen notorisch die Mißbräuche in nicht geringerem Grade als bei anderen Unternehmen hervorgetreten sind, bedürfen noch gegenwärtig schlechthin der Staatsgenehmigung.

Die Mißstände selber lassen sich auf folgende Gesichtspunkte zurückführen:

1. Die ursprünglichen Projektanten (Gründer) verfolgen sehr häufig den einzigen Zweck, sich durch Agiogewinn, durch Sicherung einträglicher Stellungen, durch Entreprisverträge u. dgl. auf Kosten der Gesellschaft weit über Gebühr — d. h. über den ihnen allerdings gebührenden angemessenen Unternehmergewinn hinaus — zu bereichern. Sie bezwecken sogar häufig gar nicht, ein durchführbares, oder auf die Dauer berechnetes Unternehmen ins Leben zu rufen. Ihre Projekte sind vielfach trügerisch oder doch überaus leichtfertig.

2. Für ihre wirklichen oder angeblichen Leistungen sichern sie sich durch Specialverträge oder durch Gesellschaftsstatut übertriebenen Entgelt.

3. Die Statuten, einschließlich der für die Gründer stipulirten Vortheile, sowie die entsprechenden Specialverträge werden von den ersten Zeichnern, welche häufig mit den Projektanten identisch sind oder colludiren, definitiv genehmigt. Die Genehmigung der constituirenden Generalversammlung ist in der Regel nur ein Scheinakt, erfolgt ohne genügende Prüfung, meistens ohne Controlemöglichkeit Seitens der nicht eingeweihten Aktionäre. Ja es kommt vor, daß den Aktionären das Statut von den Gründern octroirt wird. So in dem Falle der Breslau-Warschauer Eisenbahn (Entscheidungen des Reichs-Oberhandelsgerichts Bd. VII. S. 265 ff.).

4. Die Aktienzeichnung erfolgt häufig nur zum Schein, unter Ausstellung von Reversen, welche gegen die Einzahlungspflicht schützen sollen. Dergleichen Reverse sind vom Reichs-Oberhandelsgericht der Gesellschaft und deren Gläubigern gegenüber für nichtig erklärt (Entscheidungen des Reichs-Oberhandelsgerichts Bd. VII. S. 158. 412. Zur Zeit liegt ein ähnlicher Fall der Aktienversicherungsgesellschaft Patria zur Entscheidung vor. Vgl. auch Entscheidungen Bd. III. S. 303. 304).

5. Die durch Art. 209ª 210ª des Gesetzes vom 11. Juni 1870 vorgeschriebene sofortige Einzahlung von mindestens 10% des Grundkapitals ist häufig eine fiktive. Der entliehene Betrag wird nur vorgezeigt, der eingezahlte restituirt.

6. Ein schwerer wirthschaftlicher und socialer Mißstand, welcher allerdings in neuerer Zeit schärfer als bisher hervorgetreten ist, besteht in der

Umwandlung von Unternehmungen Einzelner oder gewöhnlicher Erwerbsgesellschaften (offener, stiller, Commandit=Gesellschaften) in Aktienunternehmungen. Dies geschieht theils mit unsicheren Unternehmungen oder gar bereits rückgängigen, theils mit sicheren aber von geringfügigem Werth unter übertriebener Werthveranschlagung. Mitunter wird auf diese Weise allerdings ein lebensfähiges Unternehmen gerettet oder angemessen erweitert, häufig jedoch das zum wirthschaftlichen Untergang bestimmte schädlicherweise conservirt oder in die ihm unangemessene Form des Großbetriebes hinübergeleitet, unter Belastung zugleich mit einem das Bedürfniß weit überschreitenden Anlagekapital. An die Stelle der vielfach unentbehrlichen persönlichen Initiative und Kontrole tritt die Leitung durch bezahlte Angestellte und die nichtsnützende Kontrole der Generalversammlungen. Das persönliche Band zwischen Unternehmer (Fabrikant) und Arbeitern wird mehr als billig gelockert. Auch wo die societätsmäßige Betheiligung des Großkapitals zweckmäßig erscheint, ist doch selten die Form der reinen Aktiengesellschaft geeignet, und empfiehlt sich in weit höherem Maße die Gesellschaftsform der Commanditgesellschaft auf Aktien, — eine um deswillen in unverdienten Mißkredit gekommene Gesellschaftsform, weil sie vorzugsweise der Umgehung des Erfordernisses staatlicher Genehmigung für reine Aktiengesellschaften diente, und so thatsächlich nur eine unächte Aktiengesellschaft zu sein pflegte. Ihre Belebung und weiterer Ausbau ist eine Hauptaufgabe der Fortbildung des Gesellschaftsrechts. —

Ad b. Bereits alte Uebelstände sind: Die Gründer pflegen durch Ausbedingung von Stellen in Verwaltungsrath und Direktorium auf lange Zeit hinaus das Unternehmen ihren persönlichen Zwecken zum Schaden der Aktionäre dienstbar zu machen. Die Generalversammlungen sind selten zur Controle der Geschäftsführung und zur Fassung geeigneter Beschlüsse befähigt, werden vielmehr schlechthin von den Leitern des Unternehmens beherrscht. Die Minorität ist der Willkühr der Majorität mindestens insoweit preisgegeben, als die häufig zufällige Mehrheit sich in den statutarischen und gesetzlichen Grenzen bewegt. Soweit die Statuten durch Feststellung eines maximalen Stimmrechts die Inhaber einer geringen Aktienzahl gegen die Willkühr eines oder weniger Großaktionäre zu schützen suchen, wird durch interimistische Scheinbegebung von Aktien dieser Schutz beseitigt. Die nunmehr gesetzlich geordnete Bestellung eines Aufsichtsraths scheint selbst gegen grobe Mißbräuche geringe Garantie zu gewähren.

Gestiegen ist das Bestreben, durch fiktive Dividenden das Unternehmen zu halten und wo möglich zu vergrößern; dazu tritt die völlig unzulässige Emission neuer Aktienserien vor voller Begebung oder doch vor voller Einzahlung der ersten Serien, mit dem offensichtlichen Zwecke der bloßen Agiotage. Bedenklich endlich erscheint die Neigung, von vorneherein einen beträchtlichen Theil des Anlagekapitals durch Ausgabe von Obligationen (Prioritätsobligationen) aufzubringen, und so durch Anleihen, denen häufig ein genügendes Grundkapital als Deckung fehlt, das Unternehmen zu begründen. Die Emission von Aktien unter pari freilich, wenn unvermeidlich), führt zu dem noch größeren Uebelstande der Verdunkelung des Grundkapitals und der Täuschung des mit den Börsenvorgängen nicht bekannten Publikums. —

„2. Wie hat sich die bestehende Gesetzgebung bewährt? Ist eine Revision dieser Gesetzgebung nothwendig und in welchem Punkte? Soll bei dieser Revision das Princip der unbegrenzten Haftbarkeit oder wenigstens die Ausdehnung der Haftung des Zeichners auf 100% eingeführt werden?"

Die bestehende Gesetzgebung bedarf der Revision. Sie basirte, nach dem Handelsgesetzbuch, wesentlich nur auf der durch Staatsgenehmigung und Staatsoberaufsicht anscheinend gegebenen Garantie; nach dem Gesetz vom 11. Juni 1870 wesentlich auf einigen das gemeine Recht der Aktiengesellschaften nach auswärtigem Muster verschärfenden Normativbestimmungen. Beides reicht nicht aus.

Dagegen eine „Revision" im Sinne der Einführung des Princips der unbegrenzten Haftbarkeit, d. h. so, daß jeder einzelne Aktionär mit seinem ganzen Vermögen für die sämmtlichen Schulden des Aktienvereins einsteht, gleichviel ob principaliter, wie der offene Handelsgesellschafter, oder nur subsidiär, wie die Mitglieder der Erwerbs= und Wirthschaftsgenossenschaften, wäre Vernichtung einer Associationsform, deren wir in unserem heutigen Wirthschafts= und Rechtssystem zu entbehren völlig außer Stande sind. Will man nicht — und das ist doch schwerlich Absicht — den ganzen Großbetrieb in der Hand der Staates concentriren, so ist für zahlreiche Unternehmungen, wenn auch freilich nicht für alle, welche sich heute der Aktienvereinsform bedienen, die Statthaftigkeit von Gesellschaften mit auf die Einlage beschränkter Haftbarkeit aller Theilnehmer unerläßlich. Es könnte sich daher lediglich fragen, ob man nur ausnahmsweise, kraft Privilegs, dergleichen Gesellschaften gestatten, somit zu dem nunmehr in allen civilisirten Staaten verlassenen System der privilegirten Compagnieen zurückkehren will, oder ob man die Bildung von Gesellschaften mit beschränkter Haftbarkeit als einen Grundsatz des gemeinen Rechts anerkennen, somit, unter Innehaltung der gesetzlichen Voraussetzungen freigeben will. Ueber diese Frage habe ich mich vor längeren Jahren ausführlich erklärt, und erlaube mir daher auf meinen Bericht in den Verhandlungen des achten Deutschen Juristentages (1869) Bd. II. S. 43 ff. zu verweisen. Wollten wir nunmehr das Gegentheil feststellen, so müßten wir zugleich allen auf dem Princip beschränkter Haftbarkeit begründeten auswärtigen Aktiengesellschaften — und das sind zur Zeit nahezu alle — den Geschäftsbetrieb in Deutschland untersagen, und es würde sich zugleich das Deutsche Kapital, welches die unbegrenzte Verantwortlichkeit scheut, den auswärtigen Unternehmungen zuwenden. Denn daß man im Auslande zu dem gleichen Schritt geneigt sein sollte, ist schwerlich anzunehmen. Ich halte den Gedanken aber nicht nur für undurchführbar und für zweckwidrig, sondern auch für ungerecht. Die begrenzte und zwar auf die Einlage beschränkte Verantwortlichkeit ist nothwendiges Correlat des mit der Struktur des

Aktienvereins nothwendig verbundenen Mangels eines direkten Eingreifens der einzelnen Aktionäre. Wie ich bereits in einem auf dem achten Deutschen Juristentage über die Erwerbs- und Wirthschaftsgenossenschaften erstatteten Bericht hervorgehoben habe (Bd. II. S. 60 ff.), bildet freilich die unbegrenzte Haft der Gesellschafter die weitaus solideste Kreditbasis, und es wirkt zugleich das Bewußtsein der vollen Verantwortlichkeit im höchsten Maße sittlich kräftigend und veredelnd; allein das natürliche und sittliche Princip der unbeschränkten Verantwortlichkeit besteht nur insoweit, als die Möglichkeit des eigenen Handelns oder doch der eigenen ausreichenden Aufsicht reicht. Ist beides durch die Umstände ausgeschlossen, so ist es weder unnatürlich noch unsittlich, daß für Handlungen Dritter eine nur beschränkte Haftung übernommen wird. So erscheint die unbegrenzte Haftung ganz naturgemäß bei der gewöhnlichen offenen Handelsgesellschaft. Hier ist regelmäßig die Zahl der Mitglieder eine sehr geringe, ist die Existenz der Societät selber an die Persönlichkeit der Mitglieder gebunden, erlischt die Societät principiell mit dem Tode und dem statthaften Austritte jedes einzelnen Mitglieds, besteht principiell gegenseitige Vertretungsbefugniß aller einzelnen Gesellschafter und hat jedes Mitglied ein Veto gegen alle Handlungen der Genossen, welche irgendwie dem Societätszweck schädlich sein können. Ist aber die Gesellschaft der Art beschaffen, daß nicht mehr die Individualität des Einzelnen das bestimmende Element bildet, besteht sie vielmehr aus einer unbegrenzten und frei wechselnden Mitgliederzahl, findet freier Ein- und Austritt bei Fortbestand der Gesellschaft selber statt, ist der Einzelne als solcher nicht an der Geschäftsführung betheiligt, muß er vielmehr dieselbe den Organen der Gesammtheit überlassen, gilt nicht das Princip der Einstimmigkeit, sondern des Majoritätsbeschlusses, da erscheint die unbeschränkte Verantwortlichkeit jedes Theilhabers für die gesammten Vereinsschulden als eine völlige Verkehrung des Haftungsprincips. Und wenn mit gutem Grunde das Gesetz die Vertretungsbefugniß des Vorstandes einer Aktiengesellschaft in dem Maße für unbeschränkt und unbeschränkbar erklärt — H.G.B. Art. 230. 231 — daß jedes im Namen der Gesellschaft von dem Vorstand geschlossene Geschäft schlechthin die Gesellschaft verpflichtet, so würde, falls man diesen kaum entbehrlichen Grundsatz nicht opfern will, bei Einführung des Princips der unbegrenzten Haft jeder Aktionär mit seinem gesammten Vermögen für jede Schuld einstehen, welche der Vorstand der Gesellschaft in deren Namen contrahirt hat, wie fremd dieselbe auch den Zwecken und Interessen des Aktienvereins sein mag.

Die Beseitigung der staatlichen Concession war nothwendig, denn sie enthielt eine gefährliche Lüge, stellte dem Staat unlösbare Aufgaben und verstrickte das Staatsbeamtenthum in die Corruption des Gründerwesens. Der Ersatz der Administrativcontrole durch Aufstellung gesetzlicher Normativbedingungen und strenger Grundsätze über die Verantwortlichkeit der Gesellschaftsorgane war korrekt, auch bereits bei der Berathung des Deutschen Handelsgesetzbuchs von den Weiterblickenden als einzig zuträglich empfohlen. Allein es ist richtig, daß nach dieser Seite hin das Gesetz der Ergänzung bedarf.

Insbesondere bejahe ich die Frage, ob die Haftung des **Zeichners** auf 100%, d. h. auf den vollen Betrag der gezeichneten Einlage, festgestellt werden soll. Es liegt darin keineswegs eine wirkliche Ausdehnung der Verantwortlichkeit, vielmehr die einfache Herstellung des natürlichen und gesetzlichen Rechtssatzes, daß von der übernommenen Verpflichtung man sich weder durch Aufgeben des entsprechenden Rechts noch durch dessen Uebertragung auf Andere zu befreien vermag. Freilich besteht dieser Rechtssatz regelmäßig nur im Interesse des Gläubigers, daher mit der selbstverständlichen Beschränkung, daß durch Zustimmung des Gläubigers der Schuldner liberirt wird. Bei der Aktiengesellschaft indessen kommt neben dem Gläubiger des einzelnen Zeichners, d. h. neben dem Aktienverein, noch die Gläubigerschaft des Vereins in Betracht, und es ist zugleich das öffentliche Interesse von Bedeutung. Denn es leidet keinen Zweifel, daß an nicht volleingezahlte und nicht volleinzuzahlende Aktien sich vorzugsweise die verderbliche Agiotage knüpft; daß die Aussicht, nach Einzahlung eines Theiles, von weiterer Verbindlichkeit frei zu sein, die Betheiligung an unsicheren Unternehmungen ohne ausreichende Prüfung in hohem Grade begünstigt; daß endlich die Aktiengesellschaft selber in ihrer schwerfälligen Organisation des Schutzes nicht allein gegen Malversationen, sondern auch gegen Leichtsinn ihrer Organe bedarf, und daß eine Bestimmung des Statuts, es solle der Zeichner nach Einzahlung eines gewissen Procentsatzes frei werden, selten auf ausreichende Prüfung der Verhältnisse schließen läßt. Um Zeichner anzulocken, um die Uebertragbarkeit der Promessen zu erleichtern, haben die meisten Statuten sich mit der Verpflichtung zur Einzahlung von 40 oder gar von 25% begnügt, bei Namensaktien die Delegation erleichtert. Es wird kein Bedenken haben, ersteres für die Zukunft zu untersagen und die Delegation — die ausdrückliche Annahme neu eintretender Aktionäre an Stelle der ursprünglichen Zeichner — an erschwerende Voraussetzungen zu knüpfen. Die Bildung solider Aktiengesellschaften wird dadurch um so weniger erschwert, als der Zeichner bei Uebertragung der Aktien sich durch Vertrag mit seinem Abnehmer zu schützen vermag. Aber es wird dem Mißbrauch entgegengetreten, daß an die Stelle des gezeichneten vollen Kapitals ein bloßer Bruchtheil desselben ausreichend gesichert ist, und es wird auf die Solvenz der Zeichner in höherem Maße als bisher gerücksichtigt werden.

Für Versicherungsgesellschaften, welche nur einen Theil des gezeichneten Kapitals als Betriebskapital bedürfen, den Rest nur als Garantiekapital brauchen, wird allerdings die Delegation, wenngleich unter erschwerenden Voraussetzungen, zu gestatten sein. —

B. Einzelne Punkte.

„1. Bedarf der Grundsatz der Oeffentlichkeit einer präciseren gesetzlichen Bestimmung als bisher?"

Meines Erachtens reichen die Bestimmungen im H.G.B. Art. 210. 210a. 212. 214. 239. 239a. 249 insoweit, als überhaupt eine Klarlegung des Standes der Gesellschaftsverhältnisse erzwingbar ist, aus. Wollte man außer der Bilanz noch andere Uebersichten veröffentlicht haben, etwa Gewinn- und Verlust-Konto, so würden überall ausreichende Formulare dafür schwer aufzustellen sein. Unbedenklich wäre, daß auch die Protokolle der Generalversammlungen veröffentlicht werden müßten.

„2. Sollen die gesetzlichen Vorschriften über die Verantwortlichkeit der Organe der Aktiengesellschaften strenger gefaßt, und auch die Verantwortlichkeit der Gründer näher bestimmt werden?"

Ich erachte es für geboten: die Mitglieder des Aufsichtsraths und des Vorstandes in allen Fällen, wo auch nur durch ihre grobe Fahrlässigkeit in Angelegenheiten der Gesellschaft die Aktionäre oder die Gläubiger der Gesellschaft geschädigt sind, persönlich und solidarisch zum unbeschränkten Schadensersatz (nach freiem richterlichen Ermessen) zu verpflichten; mindestens aber, sofern ihre grobe Fahrlässigkeit als bösliche Handlungsweise, d. h. als dolus, Gewissenlosigkeit oder gänzliche Kopflosigkeit erscheint.

Desgleichen die Gründer, d. h. diejenigen, welche durch Prospekte öffentlich zum Zeichnen von Aktien auffordern, sofern sie böslicher Weise durch unrichtige Prospekte den Beitritt von Zeichnern herbeigeführt haben — jedoch nur gegenüber den ursprünglichen Zeichnern, deren Abnehmer sich von diesen die Klagen cediren lassen mögen.

„3. Soll außer der Kontrole des Publikums eine weitere Kontrole durch den Staat und welcher Art eingeführt werden?"

Eine direkte Kontrole durch den Staat erachte ich allgemein für undurchführbar und zweckwidrig. Sie ist vielleicht für Eisenbahn- und Versicherungs-Gesellschaften anzurathen. Dagegen halte ich für zuträglich, Distriktscontrolämter zu begründen, welche auf Antrag einer gewissen Anzahl von Aktionären oder etwa des Aufsichtsraths die Geschäftsführung und den Vermögensstand der Gesellschaft einer Prüfung zu unterziehen haben und geeignetenfalls provisorische Maßregeln zum Schutze der Aktionäre oder der Gläubiger treffen dürfen.

„4. Bedarf die Organisation der Leitung und Verwaltung der Aktiengesellschaften einer veränderten Regelung, ev. auch durch die Gesetzgebung?"

Mir erscheint es sehr schwierig, allgemein zutreffende und von der üblichen Gestaltung abweichende Normativbestimmungen aufzustellen. Nur auf Einen Punkt möchte ich besonderes Gewicht legen, welchen Bekker in der Zeitschrift für das gesamte Handelsrecht Bd. XVII. (1872). S. 425 ff. näher ausgeführt hat. Es muß, meines Erachtens, was zwar nicht das Gesetz, aber die Praxis zu negiren pflegt, jedem einzelnen Aktionär die Befugniß zustehen, über Gesetz- und Statutenwidrigkeit gefaßter Beschlüsse schleunige richterliche Feststellung und erforderlichenfalls richterliches

Inhibitorium zu verlangen, desgleichen das Recht auf statutenmäßige und gesetzmäßige Geschäftsführung und auf Cession der deswegen der Aktiengesellschaft wider ihre Organe zustehenden Ansprüche als Einzelner geltend zu machen. Die ausdrückliche gesetzliche Gewährung dieser Befugniß würde wirksamer als jedes administrative Eingreifen die todte Masse der Aktionäre zur wirklichen Controle befähigen und gewillt machen.

Zu erwägen bliebe noch, ob den durch trügerische Prospekte zum Beitritt verleiteten Zeichnern ein Anspruch auf Entlassung bez. auf Rückzahlung des Geleisteten gegen die Gesellschaft gewährt werden soll. Die Bejahung ist nicht unbedenklich.

„5. Welche einzelne Bestimmungen des Handelsgesetzbuches v. 11. Juni 1870 verlangen eine Abänderung, auch wenn das Princip der unbegrenzten Haftbarkeit stehen bleibt?"

Soweit es sich nicht um bloße Fassungsfragen handelt, dürften die nach meiner Ansicht erforderlichen Aenderungen vorstehend bezeichnet sein. Zu Art. 209 b. erachte ich eine Verschärfung von Absatz 3 für nothwendig. Ich würde statt „ein Viertheil" setzen „die Hälfte", ohne zu verkennen, daß die „Gründer" leicht durch Aenderung der Umstände in große Nachtheile gerathen können. Allein sie müssen eben diese Gefahr auf sich nehmen, und es ist von entscheidender Bedeutung, daß die Einlagen offen und möglichst richtig geschätzt werden.

Leipzig, den 27. April 1873.

Gutachten
über die
Actiengesellschaften
erstattet von

Prof. Dr. **Behrend** in Berlin.

I.

Welche etwaigen Mißstände haben sich neuerdings, namentlich seit 1870 in Deutschland
  a) **bei der Gründung und Errichtung**
  b) **bei der Geschäftsführung**
der Actiengesellschaften im Allgemeinen oder einzelner besonderer Arten gezeigt? [1])

§ 1. Vorweg gestatte ich mir die Bemerkung, daß ich bei der Beantwortung dieser wie der folgenden Fragen alle Gesellschaften außer Betracht lasse, bei denen vermöge des Gegenstandes ihres Unternehmens eine staatliche Genehmigung und Oberaufsicht stattfindet, da bei diesen Gesellschaften die Wirkungen des Gesetzes vom 11. Juni 1870 nicht rein hervortreten.

Die nächste Folge des gedachten Gesetzes war eine sehr große Vermehrung der Actiengesellschaften. Diese Folge war von vorn herein zu erwarten gewesen. Die Actiengesellschaften entsprechen der Neigung des Kapitals, die nun einmal in unserer ganzen Zeit begründet ist, sich den in der Gestalt von Werthpapieren verkörperten Werthen zuzuwenden. Ueberdies folgte dem Gesetz vom 11. Juni 1870 eine für die Bildung der Actiengesellschaften außerordentlich günstige Conjunctur unmittelbar auf dem Fuße. Die Vermehrung des Nationalwohlstandes, der Aufschwung von Industrie und Handel, die das Ergebniß des nach siegreichem Kriege wiedergekehrten Friedens waren, bewirkten, daß geschäftliche und gewerbliche Etablissements aller Art aus ihrem bisherigen Rahmen herauszuwachsen

---

1) Dies Gutachten ist am 29. April d. J. vollendet. Die Brochüre von Wiener hat bei demselben nicht mehr benützt werden können.

und einen größeren Umfang anzunehmen strebten. Die Actiengesellschaft war die bequemste Form, um diese Vergrößerungen möglich zu machen und die nöthigen Kapitalien herbeizuschaffen. Im ganzen deutschen Reich, namentlich aber in Berlin, welches mehr und mehr der Mittelpunkt des industriellen Lebens und des Geldverkehrs für Deutschland geworden ist, sind in den letzten Jahren zahllose Kapitalassociationen entstanden, theils zu dem Zweck neue Unternehmungen zu begründen, theils um bereits bestehende in die Gestalt von Actiengesellschaften umzuwandeln.

Erklärlicherweise sind hierbei mannigfache Schäden und Mißstände hervorgetreten. Ja man kann wohl sagen: die Wucherpflanze des Actienschwindels ist so üppig emporgeschossen, daß es schwer fällt, den Standpunkt eines unbefangenen Beurtheilers zu bewahren und nach der Vorschrift des sine ira et studio auch den guten Seiten der Sache gerecht zu werden.

Bei näherer Prüfung ergiebt sich, daß die Uebelstände ihrer Veranlassung nach in zwei Kategorien zu scheiden sind:

a) Uebelstände, die ich als wirthschaftliche Auswüchse bezeichnen möchte, krankhafte Verkehrsgebilde, deren Heilung oder Ausstoßung indeß nicht von einem Eingreifen der Gesetzgebung zu erwarten ist, sondern der vis medicatrix naturae, d. h. dem Verkehr selbst überlassen bleiben muß;

b) Mißstände, bei denen die Hauptschuld, oder doch wenigstens eine Mitschuld den Mängeln unserer Gesetzgebung, d. h. dem Fehlen geeigneter oder dem Vorhandensein ungeeigneter gesetzlicher Bestimmungen beizumessen ist.

Einstweilen sollen hier der obigen Frage entsprechend die Uebelstände als solche, ohne Rücksicht auf die vorstehende Unterscheidung, aufgezählt werden. Es handelt sich dabei um eine Pathologie unseres Actienwesens, die neuerdings so vielfach erörtert worden ist, daß ich mich auf die für die Anknüpfung der nächstfolgenden Fragen unentbehrlichsten Andeutungen beschränken darf.

A. Uebelstände bei der Errichtung.

§ 2. **Agiotage als Motiv der Gründungen.** — Eine große Zahl der in den letzten beiden Jahren entstandenen Actiengesellschaften ist vorwiegend oder lediglich der Agiotage halber ins Leben gerufen worden. Das Motiv, welches naturgemäß in erster Linie für die Bildung einer Kapitalsassociation maßgebend sein sollte: durch die Vereinigung von Kapitalskräften ein Unternehmen zu schaffen, dessen Ertrag sich für die einzelnen Theilnehmer als eine Frucht ihrer Betheiligung darstellt, trat in vielen Fällen ganz zurück. Die Absicht war vielfach wesentlich darauf gerichtet, in der Gestalt von Actien eine möglichst große Menge neuer Börsenwaare zu kreiren und daraus, daß dieselben ins Publikum geworfen wurden, möglichsten Gewinn zu erzielen.

Daß dieses Motiv bei der Errichtung der Actiengesellschaften eine so große Rolle spielt, ist der Hauptübelstand, an welchem unser Actienwesen krankt und zugleich die Quelle der meisten Mißstände, die in der neuesten Phase desselben hervorgetreten sind.

Es wäre ungerecht, wenn wir die Schuld hieran den Gründern allein beimessen wollten. Das Publikum ist ihnen mindestens auf halbem Wege entgegengekommen. Die Lust, am Börsenspiel sich zu betheiligen, war und ist noch gegenwärtig allgemein vorherrschend. Die Gelegenheit, welche die Actiengesellschaften hierzu darboten, ist deshalb fast immer begierig ergriffen worden und die bis auf die neueste Zeit vorkommenden Ueberzeichnungen beweisen, wie schwer diese Neigung zu erschöpfen ist.

§ 3. **Unpassende Form der Errichtung.** — Nach Lage unserer Gesetzgebung gehört zum rechtsgültigen Zustandekommen einer Actiengesellschaft, daß das Grundkapital vollständig gezeichnet sei. Um die erforderlichen Zeichnungen zu beschaffen, stehen an sich zwei Wege offen: Entweder, das Project einer zu bildenden Actiengesellschaft wird zur Zeichnung ausgelegt. Das Unternehmen tritt alsdann im Stadium der Vorbereitung vor das Publikum, an letzteres ergeht die Aufforderung zur Betheiligung an einer in der Bildung begriffenen Gesellschaft. — Oder, es treten mehrere Personen zusammen, die sogleich durch ihre Zeichnungen das Grundkapital decken. In diesem Falle erfolgt die Bildung der Actiengesellschaft in unmittelbarem Anschluß an den Gründungsvertrag durch dieselben Personen, die diesen Vertrag abschließen. Eine Betheiligung weiterer Kreise behufs des Zustandekommens der Gesellschaft ist hier natürlich nicht erforderlich.

Wir nennen den ersten dieser beiden Wege den des Projectes, den zweiten die Gründung im eigentlichen Sinn. Die in den letzten beiden Jahren bei uns errichteten Actiengesellschaften sind fast ausnahmslos auf dem Wege solcher Gründungen zu Stande gekommen.

Es ist ersichtlich, daß jede dieser beiden Methoden ihre besonderen Voraussetzungen hat, unter denen sie allein logisch und wirthschaftlich gerechtfertigt ist. Das Project ist die geeignete Form, wenn das Kapital erst gesucht wird, die Gründung dann, wenn in der That eine Kapitalsassociation unter den Gründern beabsichtigt ist.

Bei den meisten Gründungen der neuesten Zeit liegt aber diese Absicht nicht vor, sondern die Gründer wollen das Unternehmen nach der Gründung erst financiiren, d. h. das Kapital ganz oder zum größten Theil an der Börse ausbieten. In solchen Fällen entspricht die Gründung niemals genau der wahren Sachlage, denn die Kapitalsassociation soll hierbei in Wahrheit nicht, wie im Gründungsvertrag angegeben, durch die Gründer, resp. nicht durch sie allein, sondern durch das Publikum, welches ihnen die Actien abnimmt, gebildet werden.

Der Abschluß des Gründungsvertrages kann zwar auch in diesem Falle immer noch eine ernstliche Bedeutung haben. Insoweit die Gründer wirkliche Einzahlungen leisten oder darüber hinaus leistungsfähig sind, hat ihre Betheiligung den reellen Sinn, daß in Höhe desjenigen Kapitals, für welches sich keine oder keine solventen Abnehmer finden, ihr Vermögen in dem Unternehmen stecken bleibt[1]). Sie übernehmen also durch ihre Zeichnung eine Art von Garantie dafür, daß das erforderliche Kapital an der Börse zu beschaffen sein werde.

Indeß wird, selbst wenn dem Gründungsvertrage diese Bedeutung beizumessen ist, die eigentliche Absicht nicht klar ausgesprochen und das eigentliche Ziel: die Bildung einer Kapitalassociation durch die Börse nicht auf geradem Wege sondern auf Umwegen erreicht.

Noch weiter von der Natur der Sache entfernt sich die Form der Gründung, wenn die Gründer nicht in Höhe der von ihnen gezeichneten Beträge leistungsfähig sind. Dann kann, wie ersichtlich ist, auch nicht von einer wirksamen Garantieübernahme ihrerseits die Rede sein. Die Zeichnungen solcher Gründer sind einem von einem insolventen Aussteller gezogenen Wechsel vergleichbar.

§ 4. **Werthlosigkeit der ersten Einzahlungen.** — Das Gesetz verlangt (Art. 209a, 210a) zur Entstehung einer Actiengesellschaft ferner, daß auf jede Actie mindestens zehn Procent eingezahlt seien. Daß die Einzahlung wirklich erfolgt ist, muß entweder in einer Generalversammlung der Actionäre, oder wenn der Gründungsvertrag unter sämmtlichen Zeichnern abgeschlossen ist (d. h. im Fall der Gründung im eigentlichen Sinn), in diesem letzteren anerkannt sein. Außer diesem Anerkenntniß soll behufs der Eintragung der Gesellschaft ins Handelsregister dem Richter noch eine besondere Bescheinigung über die Einzahlung beigebracht werden. In der Praxis wird diesem Erforderniß regelmäßig in der Weise entsprochen, daß, nachdem die Einzahlung im Statut anerkannt worden ist, in der unmittelbar nach der Vollziehung desselben abgehaltenen Generalversammlung das Kapital selbst in Natur vorgewiesen wird. Das Notariatsprotokoll, welches diese Vorweisung attestirt, enthält mithin zugleich die vom Gesetz erforderte besondere Bescheinigung.

Der in Rede stehenden Vorschrift liegt offenbar das doppelte Motiv zu Grunde, einerseits gänzlich vermögenslose Personen von der Zeichnung zurückzuhalten, — andererseits eine Gewähr dafür zu schaffen, daß im Augenblick der Entstehung der Gesellschaft wenigstens der zehnte Theil des Grundkapitals substantiell vorhanden ist.

Die Erfahrung hat gelehrt, daß die Maßregel nach beiden Richtungen ihren Zweck nicht erreicht.

a) Sie giebt keine Gewähr dafür, daß die Zeichner die Einzahlungen aus eigenen Mitteln leisten. Es kann vorkommen — und bekanntlich handelt es sich hierbei nicht um fingirte Fälle —, daß der eigentliche Gründer, d. h. derjenige, der das ausschließliche oder hauptsächliche Interesse an der Gründung hat, hinter den Coulissen bleibt, so daß die nomi-

---

[1]) Von der nach Art. 222 zulässigen Befreiung der ersten Zeichner kann hier vorläufig abgesehen werden.

nellen Gründer oder ein Theil derselben bloße Figuranten sind. Die Einzahlungen für solche Figuranten werden natürlich immer von den hinter ihnen stehenden Regenten edwenbräften geleistet.

b) Das Gesetz verlangt nicht, daß die eingezahlten Gelder in irgend einer Weise für die Gesellschaft asservirt und sichergestellt werden. Danach ist es beispielsweise möglich und zulässig, daß der Bankier, der die Einzahlung im Namen der Gründer leistet, demnächst die eingezahlten Beträge bei sich selbst für die Gesellschaft anlegt. Es ist ersichtlich, daß durch solches Verfahren irgend eine über den Personalkredit hinausgehende Gewähr nicht dargeboten wird, sondern daß dasselbe lediglich auf eine Umschreibung in den Büchern des Bankiers hinausläuft.

Man braucht indeß nicht gerade diesen Fall ins Auge zu fassen, um sich zu überzeugen, daß das Erforderniß der Einzahlung allein nicht geeignet ist, eine Sicherheit für die Solidität des Unternehmens darzubieten. Denn die Einzahlung ist immer, um einen kriminalistischen Ausdruck zu gebrauchen, facti transeuntis, während jede Sicherheit, wenn sie in Wahrheit eine solche sein soll, facti permanentis sein muß. Die einzige Gewähr, die in dieser Hinsicht möglich ist, besteht in der nutzbaren und sicheren Anlage des Grundkapitals und hierüber wird das Gesetz kaum allgemeine Vorschriften zu geben im Stande sein.

§ 5. Gründerlohn. — Da wo die Gründer selbst die Kapitalsassociation zu bilden beabsichtigen, d. h. in den seltenen Fällen, in denen nach dem zu § 3 Bemerkten die Form der Gründung wirklich sachgemäß ist, sind Gründergewinne überhaupt unnatürlich und werden auch regelmäßig nicht vorkommen. Die wirklichen Gründungskosten sind hier allerdings von den Gründern und zwar regelmäßig nach Verhältniß ihrer Betheiligung zu tragen. Indeß diese letzteren würden sich selbst betrügen, wenn sie außer diesen Kosten noch eine besondere Gründerprovision in Ansatz bringen wollten, da sie dieselbe doch aus ihrer eigenen Tasche bezahlen müßten.

Anders liegt die Sache im Fall des Projektes. Der Projektant handelt im Interesse der künftigen Gesellschaft, also einer dritten Person. Kommt die Gesellschaft demnächst wirklich zur Existenz, so wird er sich erklärlicherweise nicht mit dem Ersatz der wirklich gehabten Kosten begnügen wollen, sondern außerdem eine Vergütung beanspruchen für seine Idee, für die zu ihrer Ausführung erforderlichen Bemühungen, für das bei Aufwendung derselben übernommene Risico.

Es muß aber auch dem Projektanten überlassen bleiben, die Höhe dieser Vergütung festzusetzen. Denn derselbe offerirt sein Project dem Publikum und er ist demnach befugt, den Preis für dasjenige, was von seiner Thätigkeit darin steckt, selbst zu bestimmen.

Die Fälle, in denen die Gründer erst nach der Gründung das Kapital durch Veräußerung der Actien zu beschaffen beabsichtigen, stehen, wie oben gezeigt, insofern auf einer Stufe mit dem Project, als auch hier die Kapitalsassociation in Wahrheit erst gebildet werden soll und im Augenblick der Gründung nur formell vorhanden ist. Die Gründer handeln also hier ebenfalls nicht im Interesse ihres eigenen Unternehmens und sie haben mithin dieselbe Veranlassung, sich einen Gründerlohn auszubedingen, wie der Projectant.

Darin, daß eine derartige Prämie überhaupt gezahlt wird, kann hiernach kein Uebelstand gefunden werden. Sittliche und ökonomische Bedenken erregt es aber, wenn dieselbe nicht offen beansprucht, sondern durch allerlei Kunstgriffe verschleiert in Rechnung gebracht wird.

Leider trifft bekanntlich dies letztere bei unseren Gründungen in aller Regel zu, wie denn überhaupt die Form der Gründung in dieser Hinsicht bedenklicher ist, als die des Projectes, weil sie zu solchen Verschleierungen in höherem Grade induzirt. Die Gründerprovision wird unter sonst gleichen Verhältnissen regelmäßig theurer sein als die Prämie des Projectanten, schon deswegen, weil die Gründer durch ihre Zeichnungen ein gewisseres Risico übernehmen. Sowohl wegen der Höhe der Provision, wie wegen dieser im Hintergrunde stehenden Risicos haben die Gründer ein noch stärkeres Interesse daran, ihre Actien unterzubringen wie der einfache Projectant, und sie werden zu diesem Behuf stets geneigt sein, ihren Gewinn möglichst klein erscheinen zu lassen[1]).

Die einzelnen Manipulationen, die zu diesem Zweck ins Werk gesetzt werden, brauchen hier nicht näher geschildert zu werden. Sie kommen immer auf zwei Punkte hinaus:

a) Wenn die Gesellschaft ein bestehendes Etablissement übernimmt, oder wenn Apports[2]) in der ersten Inventur figuriren, so wird der Gründergewinn stillschweigend auf den der Gesellschaft zur Last fallenden Erwerbspreis geschlagen und unter die Gründer und die mit ihnen verbündeten Zwischenpersonen vertheilt.

b) Wenn keine Anlagen übernommen werden oder Apports nicht in Betracht kommen, wie z. B. bei der Errichtung neuer Bankgeschäfte, wird der Gründergewinn durch den Emissionskurs erreicht.

Natürlich kann auch nach beiden Richtungen gleichzeitig operirt werden. Immer aber ist zur Realisirung des Gewinns vor Allem die Geneigtheit des Publikums, die nöthige Stimmung für das Unternehmen erforderlich. Um dieselbe herbeizuführen, wird das, was die Engländer puffing und high colouring nennen, in ausgedehntestem Maaße betrieben und viele Gründer setzen ihre ganze Geschicklichkeit daran, sich hierbei möglichst hart an der Grenze der juristischen Ehrlichkeit zu halten.

Zu diesem Zweck werden nicht nur die pomphaften, meist namenlos in die Welt gesandten Prospecte veröffentlicht, ihm wird auch die zahlreiche Clientel dienstbar gemacht, die sich um die Gründer gebildet hat und

---

1) Der Unterschied zwischen Projectanten und Gründern in dieser Hinsicht ist allerdings nur ein relativer.

2) Apports sind die von einem Actionär gemachten, nicht in baarem Gelde bestehenden Einlagen. Unter der ersten Inventur wird hier diejenige verstanden, die nach Art. 29 H.-G.-B. beim Beginn des Geschäftsbetriebes aufzunehmen ist.

die, dem non olet Vespasians huldigend, ihren Antheil an der Beute begehrt.

Zu der letzteren gehört, wie mit großem Bedauern hervorzuheben ist, ein sehr beträchtlicher Theil unserer Tagespresse, die sich den finanziellen Mächten gegenüber ihres hohen Berufes wenig eingedenk gezeigt und sich Reden wie Schweigen häufig genug hat bezahlen lassen. Es gehört dahin ferner die große Zahl der Namen von gutem Klang aus den verschiedensten Gesellschaftskreisen, die sich unter dieser oder jener Form — als Mitstifter, Aufsichtsräthe, Zeichenstellen u. dergl. — unter den laudatores des Unternehmens aufführen lassen, um demselben einen Anstrich größerer Respectabilität zu geben.

Das Uebelste bei der Sache ist, daß die Gründergewinne und die Corruption, die angewendet wird, um dieselben dem Publikum annehmbar erscheinen zu lassen, zwei Einflüsse sind, die sich gegenseitig steigern, so lange irgendwie auf die Willfährigkeit des Geldmarktes zu rechnen ist.

§ 6. Consortialbetheiligungen. — Die Gründer treten dem Publikum vielfach nicht direct gegenüber, sondern überlassen die Actien ganz oder theilweis einem Consortium, welches ihnen dieselben zu festem Kurse abnimmt. Der Vertrieb an der Börse wird dann für Rechnung dieses Consortiums, d. h. für die einzelnen an demselben betheiligten Personen durch die hiermit beauftragten Firmen bewirkt, während die Theilnehmer selbst, so lange die Vereinigung dauert, die Actien nicht auf eigne Hand ausbieten dürfen. Solche Consortien haben stets zur Folge, daß die Gründerprovision erhöht und das Interesse an dem Agio auf weitere Kreise übertragen wird.

B. Uebelstände in der Verfassung.

§ 7. Uebergewicht des Aufsichtsrathes. — Nach der ursprünglichen Redaction des H.-G.-B.'s gehörten nur der Vorstand (Directorium) und die Generalversammlung der Actionäre zu den nothwendigen Organen der Actiengesellschaft. Die Einsetzung eines Aufsichtsrathes, von jeher sehr üblich, war doch gesetzlich nicht vorgeschrieben. Das Gesetz vom 11. Juni 1870 verlangt, daß jede Actiengesellschaft einen, mindestens aus drei Actionären bestehenden Aufsichtsrath haben müsse. Zur Eintragung der Gesellschaft in das Handelsregister bedarf es des Nachweises, daß derselbe nach Inhalt des Statuts in einer Generalversammlung der Actionäre erwählt ist. Der Aufsichtsrath darf zuerst höchstens auf ein, später höchstens auf fünf Jahre gewählt werden. Den Mitgliedern des ersten Aufsichtsrathes soll eine Vergütung für die Ausübung ihres Berufes nur durch einen nach Ablauf des ersten Geschäftsjahres einzuholenden Beschluß der Generalversammlung bewilligt werden.

Nach der Absicht des Gesetzgebers soll der Aufsichtsrath eine Controlbehörde, ein Hülfsorgan der Generalversammlung für deren Verkehr mit dem Vorstande sein. Das Gesetz weist ihm namentlich die Ueber=

wachung der Geschäftsführung und die Vorprüfung der Jahresrechnungen, Bilanzen sowie der Vorschläge zur Gewinnvertheilung zu.

Die bei Weitem meisten neueren Statuten haben indeß die Befugnisse des Aufsichtsrathes derartig erweitert, daß er fast ganz allein nicht nur die Verwaltung und Geschäftsführung, sondern überhaupt die finanziellen Schicksale des Unternehmens in seiner Hand hat. Beschlüsse der Generalversammlung sind nur in wenigen Ausnahmefällen erforderlich. Wenngleich diese Bestimmungen der Statuten rechtlich im Allgemeinen nicht unstatthaft sind, so bleiben sie doch in anderer Hinsicht höchst bedenklich. Mit Rücksicht auf die Umstände und den Zeitaufwand, welche die Einberufung einer Generalversammlung verursacht, ist es zwar, sofern ein Aufsichtsrath besteht[1]), gerechtfertigt, wenn demselben eine gewisse Herrschaft über den Vorstand und namentlich das Recht eingeräumt wird, Directiven und Anweisungen für denselben zu erlassen. Allein unnatürlich ist es, wenn die Actionäre, die doch die Herren des Unternehmens sind, sich ihrer Herrschaft zu Gunsten einiger weniger Personen begeben und denselben, wie wenn sie selbst unmündig wären, die Befugniß ertheilen, mit ihrem Kapital frei zu schalten.

Zu solchen dem Aufsichtsrath unzukömmlicher Weise eingeräumten Rechten, sind namentlich folgende, ihm vielfach in den Statuten gewährte Befugnisse zu rechnen:

Die Befugniß, das Grundkapital zu erhöhen und den Emissionskurs der jungen Actien festzusetzen;

Die Befugniß, über den Reservefond zu verfügen;

Die Befugniß, auch in wichtigeren Gesellschaftsangelegenheiten und selbst dann, wenn keine Gefahr im Verzuge ist, selbständig Beschlüsse zu fassen;

Die Befugniß, die Tantième für den Vorstand und die Gesellschaftsbeamten zu bestimmen[2]).

Vermöge dieser und ähnlicher statutarischer Bestimmungen ist der Aufsichtsrath, der naturgemäß den Zweck hat, die Controle der Actionäre wirksamer zu machen, ein Mittel geworden, um ihnen so ziemlich jede Einwirkung auf das Unternehmen zu entziehen. Da die Wahl des ersten Aufsichtsrathes unmittelbar nach der Errichtung des Statuts stattfindet, also von den Gründern selbst ausgeht, so sichern sich diese letzteren hierdurch von vorn herein die Herrschaft über die künftigen Actionäre. Hierbei suchen die Statuten auch die geringe Gewähr zu beseitigen, die das Gesetz durch die Vorschrift, daß die Wahl des ersten Aufsichtsrathes nicht

---

1) Ob er überhaupt de lege ferenda erforderlich ist, soll später geprüft werden.
2) Nach dem Wortlaut mancher Statuten scheint es sogar, als wenn dem Aufsichtsrath die Befugniß zustände, die Bilanz und die Dividende endgültig festzustellen. Indeß geschieht dies in der Praxis doch wohl immer durch einen Beschluß der Generalversammlung. Eine Bestimmung, die der Generalversammlung diese Befugniß entzieht, würde überdieß auch nicht mehr für rechtsgültig erachtet werden können.

auf länger als ein Jahr stattfinden darf, geben will, indem sie Bestimmungen wie die folgende treffen:

„Die Mitglieder des Aufsichtsrathes werden in der ersten constituirenden Generalversammlung bis zur nächsten Generalversammlung, welche behufs Neuwahl des Aufsichtsrathes noch in diesem Jahr stattfindet, in den späteren Generalversammlungen, also auch in jener nächsten, auf fünf Jahre gewählt."

Da die Ausschreibung der auf die constituirende folgenden Generalversammlung vom Belieben des Aufsichtsrathes abhängt, so steht es demselben hiernach frei, sich, sobald er will, sein Mandat auf fünf Jahr verlängern zu lassen.

§ 8. Die Generalversammlung. — Die Schuld daran, daß dieses Mißverhältniß in der Stellung des Aufsichtsrathes bei unseren Actiengesellschaften zur Regel geworden ist, fällt wiederum dem Publikum mindestens in demselben Grade zur Last wie den Gründern. Wenn die letzteren nicht mit Sicherheit auf die Indolenz der Actionäre rechnen könnten, so würden derartige Statutenbestimmungen überhaupt unmöglich sein. Wer sich an einer Actiengesellschaft betheiligt, sollte, wie schon von Anderen bemerkt worden ist, immer das Bewußtsein haben, daß er dadurch mit seinem Kapital Theilnehmer eines Handelsgeschäftes oder eines gewerblichen Etablissements wird. Den meisten Zeichnern und Käufern von Actien fehlt dieses Bewußtsein. Sie werden entweder nur von speculativer Absicht und der Rücksicht auf das Agio geleitet, oder sie wollen doch die Früchte ihres Kapitals ganz mühelos ziehen und glauben sich der Sorge für die Verwaltung desselben vollständig überhoben. Sie wünschen die Bequemlichkeit einer zinsbaren Anlage mit dem Vortheil einer Dividende zu vereinigen. Daher erklärt sich, daß die Actionäre meist überhaupt keine Neigung haben, sich um die Gesellschaftsangelegenheiten zu kümmern und daß sie auch die Befugnisse, die Gesetz und Statut ihnen einräumen, regelmäßig unbenutzt lassen. Die Generalversammlungen sind deshalb fast immer sehr spärlich besucht und die Beschlußfassung beruht in der Regel auf wenigen Stimmen.

Gegen diese Sorglosigkeit des Publikums läßt sich schwer ankämpfen; allein in der Verfassung der Generalversammlung tritt noch eine Reihe anderer Uebelstände hervor, denen gegenüber der Versuch einer gesetzlichen Abhülfe allerdings angezeigt erscheint. Um Wiederholungen zu vermeiden, verweise ich in dieser Hinsicht auf das unten zur sechsten Frage zu Bemerkende. Hier mag nur noch auf einen Punkt hingewiesen werden, auf die Simulationen bei der Stimmführung.

Solche Simulationen können zur Umgehung sowohl der im Gesetz wie der im Statut vorgeschriebenen Bedingungen für die Ausübung des Stimmrechts vorkommen, z. B. um der gesetzlichen Vorschrift zu entgehen, wonach der Actionär, welcher eine nicht in baarem Gelde bestehende Einlage macht oder sich besondere Vortheile ausbedingt, in der hierüber beschließenden Generalversammlung kein Stimmrecht haben soll — oder um über die statutarischen Bestimmungen hinwegzukommen, welche die Ausübung des Stimmrechts von dem Besitz einer bestimmten Zahl von Actien abhängig machen, oder die umgekehrt eine übermäßige Accumulation von Stimmen in Einer Hand verbieten. — Die Simulationen bestehen in all diesen Fällen in einer zum Schein vorgenommenen Uebertragung des Actienrechts und auf Grund hiervon in der Beschaffung einer majorité factice.

Nach bekannten Rechtsgrundsätzen bewirken derartige Scheingeschäfte nicht den Uebergang des Actienrechtes auf den simulirten Erwerber, auf Grund derselben kann daher auch niemals das Stimmrecht in der Generalversammlung erlangt werden. Ein auf simulirten Stimmen beruhender Majoritätsbeschluß ist demnach auch kein gültiger Beschluß der Generalversammlung.

Strafrechtlich werden sich diese Simulationen indeß nach dem bisherigen Recht schwerlich qualifiziren lassen, sofern nicht etwa die Voraussetzungen des Betruges oder der Fälschung vorliegen.

Hierbei ist noch zu bemerken, daß das Kaufen und Miethen von Stimmen anderer Actionäre, obwohl thatsächlich dem eben erwähnten Fall sehr nahe stehend, rechtlich doch durchaus verschieden zu beurtheilen ist. Daß in dem Inhalt einer Abstimmung eine Simulation liegt, ist undenkbar, und da kein Actionär verpflichtet ist, sich durch ein anderes als sein eigenes Interesse leiten zu lassen[1]), so steht auch Nichts im Wege, daß er klingenden Motiven Gehör gebe.

C. Uebelstände bei der Geschäftsführung.

§ 9. **Bilanzen und Gewinnvertheilung.** — Weder die im Art. 239a aufgestellten Normen über die Anfertigung der Bilanz noch die Bestimmung des Art. 217, daß nur dasjenige als Gewinn vertheilt werden darf, was sich als reiner Ueberschuß über die volle Einlage herausstellt, haben zu verhüten vermocht, daß bei vielen Gesellschaften die Gewinnvertheilung nach dem Prinzip des Raubbaues stattfindet und daß die Form der Dividende dazu benutzt wird, um der Gesellschaft das Grundkapital zu entziehen. Die Mittel, um zu dieser rechtlich und wirthschaftlich gleich unzulässigen Ausbeute zu gelangen, bestehen in unsoliden Werthsansätzen und sehr häufig beruht gleich die erste Bilanz, welche beim Beginn des Geschäftsbetriebes zu Grunde gelegt wird, auf groben Illusionen. Für eine gewissenhafte Prüfung der Jahresrechnungen ist da am wenigsten gesorgt, wo dieselbe allein dem Aufsichtsrath überlassen ist; eine bessere, obwohl auch nicht immer ausreichende Sicherheit bieten die Statuten, welche die Ernennung von Revisoren durch die Generalversammlung vorschreiben.

§ 10. **Neue Emissionen.** — Die wie schon erwähnt, in den Statuten dem Aufsichtsrath ertheilte Befugniß, das Grundkapital zu erhöhen

---

1) A. M. Bekker in Goldschmidt's Zeitschrift, Bd. 17.

und den Emissionskurs der neuen Actien festzusetzen, steht regelmäßig in
Verbindung mit einem zu Gunsten der ersten Zeichner gemachten Vor=
behalt, wonach dieselben einen beträchtlichen Theil der neu zu emittirenden
Actien, meist die Hälfte, al pari übernehmen dürfen, während dasselbe Recht
in Betreff des Ueberrestes den jeweiligen Actionären zugesichert wird. Auf
Grund dieser Bestimmungen ist sehr häufig mit neuen Emissionen vor=
gegangen worden, bevor die alten Actien voll eingezahlt waren. In den
allerseltensten Fällen liegt ein derartiges Verfahren im Interesse des Ge=
schäftsbetriebes der Gesellschaft; meist handelt es sich blos um eine Aus=
beutung jener Vorbehalte vermittelst eines künstlich in die Höhe geschraub=
ten Kurses.

§ 11. Speculation in eigenen Actien. — Die Bestimmung,
daß die Actiengesellschaft eigene Actien nicht erwerben darf (Art. 215),
hat sich als ziemlich effectlos erwiesen. Es ist offenkundig, daß namentlich
die Actienbanken dieselbe theils umgehen, indem sie z. B. ihre Actien als
Lombard einnehmen, theils direct übertreten.

Hiermit mag das Verzeichniß der Uebelstände geschlossen werden.
Sowohl auf die vorstehend hervorgehobenen wie auf einzelne hier noch
nicht namhaft gemachten Mängel unserer Actiengesellschaften wird bei den
folgenden Fragen noch weiter einzugehen sein.

II.

a.

**Wie hat sich die bestehende Gesetzgebung — Handelsgesetzbuch,
Gesetz vom 11. Juni 1870 — bewährt?**

**Ist eine Revision dieser Gesetzgebung erforderlich und in welchen
Punkten?**

§ 1. Die Motive zum Gesetz vom 11. Juni 1870 bezeichnen als
eine Hauptaufgabe desselben:

zum Schutz des Publikums gegen Uebervortheilungen und Täuschungen
einen geeigneten Ersatz zu schaffen für diejenige Fürsorge, welche bisher
in der Form von Concessionsbedingungen bei der staatlichen Prüfung
und Feststellung des einzelnen Statuts geübt wurde. An die Stelle
der bisherigen Sicherheitsmaßregeln müssen gewisse ein für alle Mal
maßgebende gesetzliche Normativbestimmungen treten, welche sich theils
auf die Bildung, theils auf die fortlaufende Verwaltung der Actien=
gesellschaften zu beziehen haben. (Motive S. 17.)

Der in diesen Worten angedeutete Standpunkt ist der der französischen
loi sur les sociétés vom 24. Juli 1867. Als man sich in Frankreich
entschloß, das Erforderniß der Staatsgenehmigung für alle Actiengesell=
schaften aufzuheben, hielt man es ebenfalls für nöthig, eine große Zahl
gesetzlicher Cautelen zur Verhütung von Mißbräuchen festzustellen. Unser

Gesetz stellt sich, wie in Bezug auf das System selbst, so auch hinsichtlich des Inhaltes großen Theils als eine Nachbildung des französischen Musters dar.

Bei uns hat sich dieses Muster nicht bewährt. Jene fürsorglichen Bestimmungen haben weder vermocht, auf die Ausbeutung des Publikums berechnete Gründungen zu verhindern, noch sind dieselben im Stande gewesen, eine unsolide Geschäftsführung der Actiengesellschaften unmöglich zu machen. Ein Theil der gedachten Bestimmungen hat positiv schädlich gewirkt, indem er zu Umgehungen Veranlassung gegeben und auf diese Weise dazu beigetragen hat, das Uebel, welches verhütet werden sollte, zu verschlimmern.

Die Frage, ob eine Revision der bestehenden Gesetzgebung erforderlich ist, muß demnach unbedenklich bejaht werden. Für die allgemeine Richtung derselben werden die nachstehenden Gesichtspunkte als entscheidend zu betrachten sein:

1) Von einer Rückkehr zu dem System der staatlichen Genehmigung und Oberaufsicht wird nicht die Rede sein können. Dasselbe ist, wie die Motive zum Gesetz vom 11. Juni 1870 ausdrücklich erklären, wesentlich aus dem Grunde verlassen worden, weil es dem Staat unmöglich ist, auf diesem Wege einen wirksamen Schutz des Publikums und der Gesellschaftsgläubiger herbeizuführen, weil mithin die Uebernahme dieses Schutzes von Seiten der Staatsorgane eine unerfüllbare Verheißung enthält, „welche nicht selten die Opfer des Schwindels und der Unsolidität vermehrt statt sie zu verhüten." (Motive S. 16.)

2) Man darf sich aber auch darüber nicht täuschen, daß der Schutz, den gesetzliche Normativbestimmungen zu gewähren im Stande sind, ein höchst unvollkommener ist. Der Natur der Sache nach kann der Gesetzgeber vermittelst derartiger Vorschriften besten Falles einzelne gefährliche Bildungen verhindern. Dagegen wird es niemals gelingen, auf diesem Wege eine Gewähr für eine solide Gestaltung des Verkehrs zu schaffen. Deshalb ist es auch nicht richtig, wenn man den Schwerpunkt der Actiengesetzgebung in solchen Normativbestimmungen sucht. Daß bei Abfassung des Gesetzes vom 11. Juni 1870 hierauf das Hauptgewicht gelegt worden ist, hat zur Folge gehabt, daß die positiven Aufgaben, die an eine gute Actiengesetzgebung zu stellen sind, nur in untergeordnetem Maße Beachtung gefunden haben.

3) Geht man davon aus, daß die Actiengesellschaft, d. h. eine Kapitalassociation mit einer auf den Betrag der Actien beschränkten Haftung der Theilnehmer überhaupt eine zulässige Gesellschaftsform ist, so muß die Gesetzgebung eine geeignete rechtliche Grundlage für die Bildung und Organisation derselben darbieten. Als eine geeignete Grundlage ist diejenige zu betrachten, die es möglich macht, daß sich die Actiengesellschaften in der Weise und in den Formen bilden und einrichten, wie dies der Natur der Kapitalassociation überhaupt und der Beschaffenheit des einzelnen Falles insbesondere am meisten entspricht. Diese Formen herauszufinden, muß

aber im Allgemeinen dem Verkehr selbst überlassen bleiben. Der Gesetzgeber wird sich demnach hier wesentlich auf dispositive Bestimmungen zu beschränken haben. Absolute Vorschriften sind nur insoweit gerechtfertigt, als sie:

    a) allgemeine aus dem Wesen der Actiengesellschaft sich ergebende Voraussetzungen aufstellen — oder:

    b) darauf abzielen, Anstalten oder Einrichtungen zu untersagen, die einen gemeinschädlichen Charakter haben, oder die dem öffentlichen Recht, der guten Sitte oder der Redlichkeit zuwiderlaufen.

4) Das Gesetz muß den bedrohten Interessen die Möglichkeit gewähren, sich selbst zu schützen. Dazu gehört zweierlei:

    a) Vor Allem ist erforderlich, daß der Grundsatz der Oeffentlichkeit in wirksamer Weise zur Geltung gebracht werde. Dem Publikum muß die Gelegenheit geboten werden, sich ein Urtheil über die Grundlagen und die Rentabilität des Unternehmens zu verschaffen; den Actionären muß die Möglichkeit zustehen, sich einen Einblick in die Geschäftsführung zu verschaffen.

    b) Es muß ein genügender Rechtsschutz gewährt sein. Ueberall, wo Rechte der Gesellschaft oder einzelner Personen in Betracht kommen, müssen die nöthigen sichernden und wiederherstellenden Rechtsmittel zur Verfügung stehen und es muß für ein Verfahren gesorgt sein, um dieselben in geeigneter Weise zur Geltung zu bringen.

5) Alle Handlungen, Darstellungen, Erklärungen, Ankündigungen, die auf eine absichtliche Täuschung des Publikums oder einzelner Personen in Bezug auf die Bildung oder Geschäftsführung einer Actiengesellschaft hinauslaufen, sind unter ein wirksames Strafgesetz zu stellen.

§ 2. Eine Revision, die nach diesen Gesichtspunkten stattfindet, wird ergeben, daß es nicht blos auf die Einfügung einzelner neuer Paragraphen ankommt, sondern daß überdies viele der bestehenden Vorschriften umzugestalten sind. Auch wird man nicht umhin können, die auf unrichtigen Erwägungen beruhenden Cautelen fallen zu lassen, da dieselben, wie treffend bemerkt worden ist[1]), nur den Erfolg haben, das Ansehn des Gesetzes zu schwächen und das Rechtsbewußtsein zu verwirren. — Ob es hiernach möglich und angemessen sein wird, wiederum wie im Jahr 1870 in der Form der Novellengesetzgebung vorzugehen oder ob statt dessen eine neue gesetzliche Grundlage für die Actiengesellschaften zu schaffen sein wird, läßt sich zur Zeit kaum entscheiden. Jedenfalls wird sich die Revision auch diesmal nicht blos auf die Actiengesellschaft beschränken dürfen, sondern sich auch auf die mit ihr nahe verwandte Form der Commanditgesellschaft auf Actien erstrecken müssen, da sonst die Arbeit nur halb gethan wäre und die Wirkung des Gesetzes höchst unvollkommen sein würde.

§ 3. Die hier in Vorschlag gebrachten Grundsätze stehen im Ganzen auf dem Boden der englischen Gesetzgebung, welche nach langem Experi-

---

1) Lasker im deutschen Reichstage in der Rede vom 4. April 1873.

mentiren in den beiden companies acts vom 7. August 1862 (25 & 26 Vict. cap. 89) und vom 20. August 1867 (30 & 31 Vict. cap. 131) zum Abschluß gebracht worden ist. Es soll hier weder ein Abschreiben noch eine blinde Nachahmung der englischen Vorschriften anempfohlen werden. Wohl aber erscheint es wünschenswerth, daß wir uns in freier und selbstständiger Weise die große praktische Weisheit, welche in denselben niedergelegt ist, anzueignen suchen und die französische Schablone verlassen mögen. Der am 27. November 1872 von der belgischen Repräsentanten= kammer angenommene Entwurf ist uns hierin zum Theil vorangegangen. Auch er hat sich von dem französischen Vorbild losgesagt und lehnt sich vielfach an das englische Recht an. Ebenso wird dies, wie verlautet, bei der im Werke befindlichen Umgestaltung der italienischen Gesetzgebung der Fall sein.

§ 4. Endlich möchte hier nochmals hervorzuheben sein, was bereits Eingangs der ersten Frage angedeutet worden ist, daß bei diesen wie bei den nachfolgenden Bemerkungen lediglich ein allgemeines Actiengesetz ins Auge gefaßt wird, dessen Ergänzung bez. Modification für einzelne be= sondere Arten der Actiengesellschaften Specialgesetzen vorbehalten bleiben würde. Solche Specialgesetze werden namentlich für Eisenbahn= und Ver= sicherungsgesellschaften, vielleicht auch für Gesellschaften zum Bankbetrieb erforderlich sein. Auch in dieser Hinsicht darf das englische Recht zur Richtschnur dienen, in welchem neben den beiden vorangeführten Par= lamentsakten noch eine ganze Reihe besonderer Statuten für derartige Ge= sellschaften besteht.

b.
Soll bei dieser Revision das Prinzip der unbegrenzten Haftbar= keit oder wenigstens die Ausdehnung der Haftung des Zeichners auf 100 Procent eingeführt werden?

§ 5. Der erste Theil dieser Frage stellt die Existenzberechtigung der Actiengesellschaften überhaupt in Zweifel, denn nach unseren Begriffen und nach der Rechtsentwickelung, wie sie sich bei uns gestaltet hat, gehört die beschränkte Haft der Theilnehmer zum Wesen der Actiengesellschaft. Eine Gesellschaft, deren Mitglieder unbeschränkt haften, würde nicht mehr als Actiengesellschaft betrachtet werden können, vielmehr wesentlich auf einer Stufe mit den Genossenschaften stehen. Mag man es nun immerhin für wünschenswerth halten, die genossenschaftlichen Bildungen weiter zu fördern [1] und die Gesetzgebung zu diesem Behuf möglichst zu entwickeln streben, so ist es doch unzweifelhaft, daß auch die reine Kapitalsassociation nicht blos rechtlich denkbar ist, sondern auch in vielen Fällen den Verkehrsbedürfnissen

---

[1] Indeß soll man nur nicht glauben, daß die Genossenschaft an sich eine re= spectablere Form ist als die Actiengesellschaft. Unsere Genossenschaften bieten ein reichlich eben so ergiebiges Feld für den Schwindel dar, wie die Actiengesellschaften.

mehr entspricht als die auf der Personalhaft beruhenden Gesellschaften. Eine Gesetzgebung, welche diese Gesellschaftsform verbieten wollte — und das würde die Einführung der unbeschränkten Haft bedeuten — würde den Weg zurückgehen, der in England durch die beiden vorgenannten Gesetze glücklich absolvirt worden ist. Seit dem Platzen der großen Actienbubbles zu Anfang des vorigen Jahrhunderts, namentlich der Südseecompagnie, hatte in England eine heftige Abneigung gegen alle Gesellschaften mit beschränkter Haftbarkeit Wurzel gefaßt. Lange Zeit waren dieselben ganz untersagt oder nur auf Grund einer besonderen Sanction des Parlaments gestattet. Bei allen durch Privatwillkür entstandenen Gesellschaften fand, selbst wenn die Antheile der Einzelnen in Actien zerlegt waren, Solidarhaft (illimited liability) statt. Indeß seit der Mitte dieses Jahrhunderts sind auch in England die Gesellschaften with limited liability, und zwar allmählich in immer weiteren Umfang zugelassen worden, bis endlich im Jahre 1862 die Befugniß zur Bildung derselben im weitesten Maß eingeräumt worden ist.

Der erste Theil der obigen Frage ist demnach zu verneinen. Die Bejahung würde meines Erachtens im Widerspruch stehen mit den Bedürfnissen des Verkehrs wie mit dem Gang der geschichtlichen Entwickelung.

§ 6. Anders verhält es sich mit der Haftung des Zeichners bis auf 100 Pro Cent. Diese ist an sich eine naturgemäße Folge der durch die Zeichnung übernommenen Verpflichtung. Wird dem Zeichner die Haftung erlassen, so wird, sofern nicht ein anderer Verpflichteter für ihn eintritt, die Grundlage der Gesellschaft selbst angegriffen. Denn die rechtliche Voraussetzung der Actiengesellschaft besteht eben darin, daß der Actionär in Höhe der durch die Zeichnung eingegangenen Verpflichtung zu den Zwecken der Gesellschaft und zur Erfüllung ihrer Verbindlichkeiten beizutragen hat (Art. 219).

Näher betrachtet sind zwei Fälle zu unterscheiden, in denen ein solcher Erlaß stattfindet: die Ausgabe von Actien unter Pari und die Liberation des Zeichners durch die Gesellschaft.

Die Ausgabe unter Pari bedeutet, daß den Zeichnern von der ersten Einzahlung ein Theil erlassen wird, nämlich so viel, als sich aus dem Verhältniß zwischen dem Parikurse und dem geringeren Zeichnungskurse ergiebt. Es findet hier mithin eine Verkürzung des Grundcapitals statt.

Bei der Liberation handelt es sich um die künftigen Einzahlungen. Eine Verkürzung des Grundcapitals wird hier nicht beabsichtigt, vielmehr sollen auch die auf die liberirten Actien ausstehenden Beträge noch einberufen werden. Nur schwebt diese Einberufung, wenn bereits nach Maßgabe des Art. 222 Nr. 2 und 3 Promessen oder Interimsscheine auf den Inhaber ausgegeben worden sind, in der Luft, da Verpflichtungen au porteur nicht denkbar sind [1]).

---

[1]) Es bleibt allerdings das Mittel, die Verwirkung des Actienrechts auszusprechen, und dies Mittel wird, wenn bereits 40 Procent eingezahlt sind, praktisch

Die Ausgabe unter Pari steht wirthschaftlich und juristisch in naher Verwandtschaft zu der Gewährung von Zinsen an die Actionäre während der Dauer der Vorbereitung des Unternehmens (Art. 217 Abs. 2). Ich halte sie unter gewissen Voraussetzungen de lege ferenda für zulässig und komme bei den folgenden Fragen hierauf nochmals zurück.

Die Bestimmung des H.=G.=B.'s dagegen, welche die Befreiung des Zeichners nach der Einzahlung von 40 pCt. gestattet, vorausgesetzt, daß dies im Gesellschaftsvertrage für zulässig erklärt ist, ja den Landesgesetzen sogar die Befugniß einräumt, diesen Betrag bis auf 25 pCt. herabzusetzen, ist meines Erachtens weder in den Bedürfnissen des Verkehrs noch im Wesen der Act.=Ges. begründet. Ich würde eine derartige Befreiung schlechtweg für unwirksam erklären und demgemäß auch die Ausgabe von auf den Inhaber lautenden Promessen und Interimsscheinen, bevor der Zeichner seinen bei der Zeichnung übernommenen Verpflichtungen vollständig nachgekommen ist, ganz untersagen.

Eine Aenderung der Bestimmung des Art. 223, nach welcher bei nicht voll eingezahlten Namenactien eine Befreiung in der Weise eintreten kann, daß die Gesellschaft den neuen Erwerber an Stelle des ersten Zeichners annimmt und den Veräußerer seiner Verbindlichkeit entläßt, ist nicht für geboten zu erachten, da in diesem Fall die Gläubiger gegen eine mögliche Benachtheiligung schon dadurch hinlänglich geschützt sind, daß der austretende Actionär noch ein Jahr lang in Höhe seines Rückstandes verhaftet bleibt.

III.

Bedarf der Grundsatz der Oeffentlichkeit einer präciseren gesetzlichen Bestimmung als bisher?

§ 1. Nach dem gegenwärtig geltenden Recht ist bei uns für die Oeffentlichkeit in dreifacher Weise Vorsorge getroffen:

1) durch Eintragung in das Handelsregister und die hiermit in Verbindung stehende Bekanntmachung in den öffentlichen Blättern. Sie ist erforderlich:

a) in Betreff des Gesellschaftsvertrages und den Abänderungen desselben. H.=G.=B. Art. 210, 212, 214;

b) in Betreff der Mitglieder des Vorstandes und der Liquidatoren der Gesellschaft, sowie jeder Aenderung hinsichtlich dieser Personen. H.=G.=B. Art. 228, 233, 244.

Im ersten Fall erfolgt nur eine auszugsweise Bekanntmachung durch die öffentlichen Blätter.

---

in den allermeisten Fällen helfen. Dadurch wird aber die Anomalie nicht beseitigt.

2) durch Bekanntmachungen, die von den Gesellschaftsorganen ausgehen. In dieser Weise sind zu veröffentlichen:

    a) die Einberufung der Generalversammlung, H.=G.=B. Art. 238, 209 a—c;

    b) die Aufforderung zu Einzahlungen an die Actionäre. H.=G.=B. Art. 221;

    c) die jährliche Bilanz Art. 239.

Die Berufung der Gen. Vers. muß in der durch das Statut angeordneten Weise unter Mittheilung des Zweckes der Versammlung bewirkt werden.

Die Aufforderung zu Einzahlungen soll ebenfalls nach Maßgabe der Statuten erfolgen. Obligatorisch ist eine dreimalige Aufforderung, wenn als Folge der unterbliebenen Einzahlung die Verwirkung des Actienrechtes eintreten soll. Die Aufforderung muß, sofern die Actien nicht auf Namen lauten oder ohne Einwilligung der übrigen Actionäre übertragbar sind[1]), in den für die Bekanntmachungen der Gesellschaft bestimmten öffentlichen Blättern veröffentlicht werden.

Die Jahresbilanz ist in der Form und in den öffentlichen Blättern zu veröffentlichen, die statutenmäßig für die Bekanntmachungen der Gesellschaft bestimmt sind.

3) Die beiden Arten der Veröffentlichung sind combinirt vorgeschrieben in folgenden Fällen:

    a) bei der Auflösung der Gesellschaft außer dem Fall des Konkurses (H.=G.=B. Art. 243);

    b) für den Fall der Fusion (H.=G.=B. Art. 247);

    c) im Fall einer theilweisen Zurückzahlung oder Herabsetzung des Grundcapitals (Art. 248).

In diesen drei Fällen muß neben der Bekanntmachung durch das Handelsgericht eine dreimalige Veröffentlichung durch die für die Bekanntmachungen der Gesellschaft bestimmten öffentlichen Blätter stattfinden, die gleichzeitig mit einer Aufforderung an die Gläubiger der Gesellschaft zu verbinden ist.

§ 2. Die Frage, ob durch diese Bestimmungen der Grundsatz der Oeffentlichkeit in ausreichender Weise gewahrt ist, kann zunächst in Bezug auf die dem Grundsatz unterstellten Thatsachen und Rechtsverhältnisse aufgeworfen werden. Die Hauptmängel unserer Gesetzgebung in dieser Beziehung sind folgende:

1) Die Vorgänge, die zur Entstehung der Act.=Ges. führen, entziehen sich vollständig der Oeffentlichkeit. In wie fern hier Abhülfe möglich ist, soll bei der folgenden Frage geprüft werden.

---

[1]) Wenn die Actien auf Namen lauten und ohne Einwilligung der übrigen Actionäre nicht übertragbar sind, so kann die Bekanntmachung dieser Aufforderungen durch besondere Erlasse an die einzelnen Actionäre statt der Einrückungen in die öffentlichen Blätter erfolgen. H.=G.=B. Art. 221.

2) Es fehlt an einer genügenden Wahrung der Oeffentlichkeit in Bezug auf die Geschäftsführung. Die Bilanz, die gegenwärtig allein zu veröffentlichen ist, gewährt in dieser Hinsicht nur mangelhafte Aufschlüsse. Zwar kann hinsichtlich der einzelnen Geschäftsoperationen das Erforderniß der Oeffentlichkeit nicht in absoluter Weise aufgestellt werden, da von der Act.=Ges. so wenig wie vom Einzelkaufmann zu verlangen ist, daß sie ihre geschäftliche Thätigkeit jedem Dritten blos lege. Ja es würde nicht einmal gerechtfertigt sein, wenn man den Actionären gestatten wollte, ohne Weiteres von den Büchern der Gesellschaft Einsicht zu nehmen. Indeß darf andererseits dies Recht auch nicht, wie bisher, blos dem Aufsichtsrath und der Generalversammlung zustehen, sondern es muß in weiterem Umfang gewährt werden. Die näheren Maßgaben, die hierbei zu beobachten sind, werden ebenfalls noch später erörtert werden.

3) Das von der Gesellschaft zu führende Actienbuch müßte genauen Aufschluß geben, nicht nur über die Namenactien, sondern auch über den Betrag der auf den Inhaber lautenden Actien, welche die Gesellschaft ausgegeben hat, über die auf jede Actie geleisteten Einzahlungen, sowie über die durch Verwirkung verfallenen Actien. Sofern es gestattet ist, die Actien unter Gewährung besonderer Vortheile oder unter dem Parikurse auszugeben, müßte auch der Inhalt aller in dieser Hinsicht getroffenen Abmachungen aus dem Actienbuch ersichtlich sein. Dasselbe müßte, da es sich hierbei um die Grundlagen der Gesellschaft handelt, für Jedermanns Einsicht offen stehen. Es müßten ferner aus demselben jährliche Zusammenstellungen angefertigt und der Gen. Vers. vorgelegt, sowie dem Gericht eingereicht, in ihren summarischen Ergebnissen auch durch die öffentlichen Blätter bekannt gemacht werden.

§ 3. Es kann ferner in Frage gestellt werden, ob die Art der Veröffentlichung, wie sie unser Gesetz gegenwärtig vorschreibt, überall angemessen ist. In dieser Beziehung ist:

1) vorgeschlagen worden, statt des Auszuges aus dem Gesellschaftsvertrag, der jetzt durch das Handelsgericht veröffentlicht wird, die Bekanntmachung des Statuts seinem ganzen Umfang nach vorzuschreiben. Man hat dabei ein für solche Veröffentlichungen ein für alle Mal bestimmtes amtliches Preßorgan, etwa den deutschen Reichsanzeiger ins Auge gefaßt. Mit Rücksicht auf die Kosten einer solchen Veröffentlichung und den geringen und noch dazu sehr problematischen Nutzen, der von derselben zu erwarten ist, erscheint dieser Vorschlag wenig empfehlenswerth. Der Zweck desselben kann einfacher, billiger und übersichtlicher erreicht werden, wenn man die gesetzliche Vorschrift in Betreff der Bestandtheile des Auszuges in einzelnen Punkten vervollständigt.

2) Sehr angemessen dürfte es sein, nach dem Beispiel des belgischen Entwurfs die Aufnahme gewisser Bestimmungen des Gesellschaftsvertrages in den Inhalt der Actienurkunden anzuordnen, da auf diese Weise am besten dafür gesorgt wird, daß sie zur Kenntniß der künftigen Actienerwerber gelangen. Insbesondere würde dahin gehören eine summarische An=

gabe aller Bestimmungen des Gesellschaftsvertrages, die sich auf die Uebernahme von Anlagen oder Apports beziehen, den Gründern Rechte vorbehalten oder die Ausgabe von Actien unter Pari oder gegen Gewährung besonderer Vortheile gestatten. Dagegen halte ich es nicht für erforderlich, wie dies Lasker in seiner vorangeführten Rede verlangt hat, daß, sofern eine Ausgabe unter Pari stattfindet, auch der Emissionskurs der einzelnen Actie auf der Urkunde vermerkt werde. Denn für den Werth derselben ist nicht sowohl dieser Kurs als vielmehr der Umstand von Einfluß, in wie fern durch eine solche Begebung das Grundcapital geschmälert worden ist. Letzteres ist aber nicht aus der einzelnen Actie, sondern allein aus dem Actienbuch zu ersehen.

3) In vielen Fällen wird es ferner empfehlenswerth sein, von der neuerdings namentlich im englischen Recht, theilweise auch in der continentalen Gesetzgebung verwertheten Art der Veröffentlichung mittels Anschlages oder Aushangens im Geschäftslokal der Gesellschaft oder so, daß die betr. Schriftstücke daselbst während der Geschäftsstunden zur Einsicht ausgelegt oder bereit gehalten werden müssen, Gebrauch zu machen¹), da es das Natürlichste ist, daß Jeder, der sich über die Angelegenheiten der Gesellschaft unterrichten will, seine Erkundigungen zunächst bei dieser selbst einzieht. Diese Art der Veröffentlichung könnte neben den bisherigen Publikationen für alle überhaupt zu veröffentlichenden Thatsachen zur Anwendung kommen, sie bildet da, wo es sich um Einsicht von Schriftstücken und Büchern der Gesellschaft handelt, das einzige Mittel, um die erforderliche Publizität herzustellen.

4) Speziell in Betreff der Bilanz würde ich als eine Ergänzung der jetzt stattfindenden Veröffentlichung (Art. 239), für die übrigens gar kein Compelle besteht, verlangen, daß dieselbe nebst dem begleitenden Bericht der Revisionskommission (s. unten) und den zu Grunde liegenden Belegen eine Zeit vor der Gen. Verf. im Geschäftslokal der Gesellschaft ausgelegt und auf Verlangen jedem Actionär in Abschrift mitgetheilt werde.

IV.

Sollen die gesetzlichen Vorschriften über die Verantwortlichkeit der Gründer gesetzlich näher bestimmt werden?²)

§ 1. Die Uebelstände unserer Gründungen lassen sich, soweit überhaupt eine Abhülfe derselben im Wege der Gesetzgebung in Aussicht ge-

---

1) Bereits bei den Römern hat diese Art der Veröffentlichung rechtliche Verwerthung gefunden, vgl. z. B. L. 14, § 2, 3. Dig. XIV, 3.

2) Die gestellte Frage bezieht sich auch auf die Verantwortlichkeit der Gesellschaftsorgane, insbesondere des Vorstandes, Aufsichtsrathes und der Revisoren. Ich behalte mir vor, hierauf bei Frage VI zurückzukommen.

nommen werden kann, im Wesentlichen auf drei Punkte zurückführen: Umgehung der vom Gesetz für die Eintragung der Act.-Ges. vorgeschriebenen Bedingungen, Verschleierung der Gründergewinne, Erregung von Illusionen beim Publikum in Bezug auf den Werth der übernommenen Anlagen wie der Actien selbst.

Die verschiedenen Manöver, die in dieser Hinsicht angewendet werden, bilden wie oben gezeigt, ein förmliches in sich zusammenhängendes System. Ihnen vollständig zu begegnen, wird kein Gesetz im Stande sein. Wie man dasselbe auch fassen möge, es werden immer Mittel und Wege nicht nur zu directen Uebertretungen, sondern auch zu Umgehungen übrig bleiben. Es bedarf aber keiner besonderen Ausführung, daß deshalb der Gesetzgeber nicht auf die Aufgabe verzichten darf, so viel in seinen Kräften steht, den Forderungen der Gerechtigkeit Geltung zu verschaffen.

Um dieser Aufgabe zu genügen, scheint es vor Allem nothwendig, das Gesetz von allen den Bestimmungen zu befreien, die ihm gleichsam eine Mitschuld an den gerügten Vorgängen aufbürden. Daß unsere Gesetzgebung solche Bestimmungen enthält, wird nicht geläugnet werden können. Meiner Ueberzeugung nach gehören dahin sämmtliche Cautelen, welche das Gesetz vom 11. Juni 1870 behufs des rechtlichen Zustandekommens der A. G. neu eingefügt hat. Diese Vorschriften drängen geradezu zu den künstlichen Manipulationen, zur Beschreitung von Schleichwegen, sie machen es meines Erachtens fast unmöglich, daß die Wahrheit unverschleiert zu Tage trete.

Zu diesen, Umgehungen provozirenden, gesetzlichen Bestimmungen muß namentlich das Erforderniß der Vollzeichnung des Grundkapitals gerechnet werden. Es ist nicht richtig, daß, wie häufig behauptet wird, diese Anforderung durch die Natur der Act.-Ges. selbst bedingt ist. Der beste Beweis hiergegen ergiebt sich daraus, daß dieselbe in anderen Gesetzgebungen nicht gestellt wird, und daß sie bis zum Erlaß der Novelle auch bei uns gesetzlich nicht bestanden hat. Und der Beweis, daß diese Vorschrift dem Verkehr keine größere Solidität zu geben vermag, braucht im Hinblick auf die Vorgänge der jüngsten Zeit nicht geführt zu werden. Sie bewirkt im Gegentheil, daß alle Handlungen, die sich auf die Beschaffung des Grundkapitals beziehen, der durch das Handelsregister dargebotenen Oeffentlichkeit und der gesetzlichen Grundlage des H.-G.-B.'s überhaupt entzogen werden.

Man hat den Fehler unseres Gesetzes darin finden wollen, daß dasselbe zu lax in der Durchführung des aufgestellten Erfordernisses ist und hat verlangt, daß die Scheinzeichnungen für ungültig, die Beschaffung derselben für strafbar erklärt werde. Indeß hierzu bedürfte es nicht des Erlasses neuer gesetzlicher Bestimmungen. Es ist meines Erachtens schon jetzt unzweifelhaft, daß Scheinzeichnungen rechtsungültig sind und es fehlt auch nicht an einer Vorschrift, durch welche die Beibringung derselben bestraft wird. Sie ist enthalten im Art. 249 Nr. 1, woselbst den Mitgliedern des Vorstandes und des Aufsichtsrathes eine Gefängnißstrafe bis zu 3 Monaten (beim Vorhandensein mildernder Umstände Geldstrafe bis zu 1000 Thlr.)

angedroht ist, „wenn sie vorsätzlich behufs der Eintragung des Gesellschafts=
vertrages in das Handelsregister falsche Angaben über die Zeichnung oder
Einzahlung des Grundkapitals machen."

Der Grund, weswegen diese Bestimmung nicht ausreicht und auch
bei einer erweiterten Fassung nicht ausreichen würde, liegt darin, daß in
der Praxis fast niemals zu dem Mittel falscher Angaben gegriffen wird.
Die Vorschrift würde z. B. zutreffen, wenn die angeblichen Zeichner über=
haupt nicht gezeichnet hätten, wenn sie handlungs= oder dispositions=
unfähige Personen wären, wenn bei der Zeichnung ein die Willenserklärung
entkräftender Zwang, Betrug, Irrthum obgewaltet hätte. Derartige Fälle
können vorkommen, sie sind außerordentlich selten. Die Operationen, die
eigentlich zu Beschwerden Veranlassung gegeben haben, sind anderer Art.

Wenn ein Bankier sog. Strohmänner — um einen krassen Fall zu
setzen, sein Gesinde — zeichnen läßt, so werden, wenn diese Zeichnungen be=
scheinigt werden, keine falschen Angaben gemacht und ebensowenig liegt hier
eine Simulation im rechtlichen Sinne vor. Die benannten Personen sind
wirkliche Zeichner und der Umstand, daß sie lediglich auf Anweisung und
für Rechnung eines hinter ihnen stehenden Dritten gezeichnet haben, ist auf
ihre rechtliche Stellung als Actionäre ebensowenig von Einfluß wie dies
bei dem Commissionär der Fall sein würde, der sich im Auftrag seiner
Committenten bei einem Actienunternehmen betheiligt hat.

Nicht anders liegt die Sache, wenn die neuerdings so viel besprochenen,
namentlich auch von Lasker hervorgehobenen Reverse ausgestellt sind, in
denen dafür Gewähr geleistet wird, daß der Zeichner aus seiner Zeichnung
nicht werde in Anspruch genommen werden. Wären solche Reverse im Na=
men der Act.=Ges. selbst ertheilt, so würden sie als eine ungültige Nebenab=
rede zu betrachten sein. Wenn sie dagegen, wie wohl meist der Fall, von
einer einzelnen beim Zustandekommen des Unternehmens interessirten Per=
son ausgehen, so stellen sie sich als eine juristisch zulässige Caution dar,
durch welche sich der Zeichner in Betreff der von ihm übernommenen
Verbindlichkeit zu decken sucht.

Vom Standpunkt der Verität der Zeichnungen lassen sich mithin
meiner Ueberzeugung nach diese Vorgänge nicht anfechten. Bei näherer
Prüfung ergiebt sich denn auch, daß das Mißliche derselben nicht sowohl
in dem Vorgeben nicht wirklicher Willenserklärungen als vielmehr darin
besteht, daß Diejenigen, die das eigentliche Interesse an der Gründung
haben und den Hauptvortheil davon ziehen, nicht zum Vorschein kommen.
Ob es möglich ist, diesem Uebelstand abzuhelfen, wird sich später zeigen.

Die vorstehenden Bemerkungen führen meines Erachtens zu der Consequenz,
daß von dem Erforderniß der Vollzeichnung des Grundkapitals Abstand zu
nehmen ist. Nur unter dieser Voraussetzung ist es möglich, daß die Ver=
hältnisse so, wie sie sich im Leben thatsächlich entwickeln, auch rechtliche Ge=
stalt gewinnen. Auf welche Grundlagen hierbei zurückzugehen ist, ergiebt
sich aus dem englischen Recht.

Nach demselben ist die Bildung einer Act.=Ges. gestattet, sobald sich sieben Personen vereinigen, von denen jede eine Actie zeichnet. Die Rechte einer juristischen Person (body corporate) erlangt die Vereinigung, sobald diese sieben Personen dem Handelsamt ein von ihnen unterzeichnetes Memorandum of association zur Registrirung einreichen, in welchem unter fünf Nummern die wesentlichen Bestandtheile der Act.=Ges. festgestellt sind.[1]) Die Beschaffung des Grundcapitals ist hiernächst der Gesellschaft überlassen. Es ist nur die Verpflichtung vorhanden über die gezeichneten Beträge sowie die darauf geleisteten Einzahlungen genaue Verzeichnisse zu führen und binnen drei Monaten nach der Registrirung eine Gen.=Vers. einzuberufen.

§ 2. Diese Grundsätze sind meines Erachtens auch in unsere Gesetzgebung aufzunehmen; und Behufs Durchführung derselben würden etwa folgende Bestimmungen erforderlich sein[2]).

a.

Zur Errichtung des Gesellschaftsvertrages (Statuts) gehört eine Vereinigung von mindestens sieben Personen.

Ueber die Errichtung muß eine gerichtliche oder notarielle Urkunde aufgenommen werden.

Von den Personen, die den Gesellschaftsvertrag errichten, muß sich Jeder mindestens mit einer Actie an dem Grundkapital betheiligen.

b.

Die Anmeldung zum Handelsregister muß von den Actionären, welche den Gesellschaftsvertrag errichtet haben, persönlich vor dem Handelsgericht unterzeichnet oder in beglaubigter Form eingereicht werden. Gleichzeitig mit der Anmeldung müssen dieselben persönlich oder in beglaubigter Form eine Erklärung einreichen, in welcher der Inhalt aller Verträge und Abmachungen anzugeben ist, die von Einem oder Mehreren von ihnen in Betreff der Act.=Ges. abgeschlossen worden sind. Schriftliche sowie gerichtlich oder notariell abgeschlossene Verträge sind in beglaubigter Form beizufügen.

Die Erklärung ist mit der Versicherung zu versehen:

daß die Erklärenden von anderen Vorschlägen oder Abmachungen, welche von Einem oder Mehreren von ihnen in Betreff der Act.=Ges. geschlossen worden sind, keine Kenntniß haben.

Der Richter kann die Eintragung ablehnen, wenn er den Inhalt der Erklärung für unrichtig oder unvollständig erachtet. Er kann vor der Eintragung weitere Aufklärungen erfordern und Beweisaufnahme anordnen.

---

1) Ein Statut (articles of association) ist daneben nicht besonders erforderlich. Dem Gesetz von 1862 ist aber ein Musterstatut beigefügt, welches in subsidium zur Anwendung kommt, sofern das besondere Statut der einzelnen Gesellschaft Nichts Abweichendes festsetzt. Hier stehen also alle dispositiven Vorschriften, die der Gesetzgeber für nöthig erachtet hat. Würde sich dies, meines Erachtens, sehr praktische Verfahren nicht auch für uns zur Nachahmung empfehlen?

2) Wenn ich hier und später meine Vorschläge articulire, so geschieht dies lediglich, um meine Ansicht möglichst bestimmt hervortreten zu lassen, nicht um bereits fertige Gesetzesparagraphen zu redigiren.

(In Betreff der Eintragungen bei den Handelsgerichten, in deren Bezirken die Act.-Ges. Zweigniederlassungen hat, wird es bei den bisherigen Vorschriften zu bewenden haben.)

c.

Die Ausgabe von Actien unter dem Nennwerth oder gegen Gewährung anderer besonderer Vortheile an die Zeichner ist nur auf Grund eines vor der Ausgabe geschlossenen schriftlichen Vertrages und nur dann zulässig, wenn die Befugniß hierzu im Gesellschaftsvertrage eingeräumt ist.

Es gilt immer als ein besonderer Vortheil, wenn einem Actionär gestattet wird, eine auf das Grundkapital anzunehmende Einlage zu machen, welche nicht in baarem Gelde besteht.

Alle diesen Bestimmungen zuwiderlaufenden Verabredungen sind der Gesellschaft gegenüber unwirksam.

d.

Die Unterzeichner des Gesellschaftsvertrages bilden, wenn in diesem letzteren Nichts Anderes bestimmt ist, den Vorstand der Act.-Ges. bis zur Wahl eines anderen Vorstandes durch die Gen.-Vers.

Innerhalb drei Monaten nach der Eintragung des Gesellschaftsvertrages in das Handelsregister ist eine Gen.-Vers. zu berufen, welcher über die Geschäftslage der Gesellschaft Bericht zu erstatten ist. Dieselbe kann zugleich die Absetzung des bisherigen Vorstandes beschließen und die Neuwahl eines anderen an seiner Stelle vornehmen.

e.

Wer im Namen einer Act.-Ges. wissentlich öffentliche Ankündigungen erläßt, oder verbreitet, oder für die Oeffentlichkeit bestimmte Erklärungen abgiebt, welche durch Vorspiegelung falscher oder durch Unterdrückung oder Entstellung wahrer Thatsachen einen Irrthum über die Grundlagen, den Vermögensstand oder die Gewinnaussichten einer Act.-Ges. zu erregen oder zu unterhalten geeignet sind, unterliegt der Bestrafung wegen Betruges.

Dieselbe Strafe trifft Denjenigen, der vorsätzlich bewirkt, daß solche Ankündigungen oder Erklärungen im Namen einer Act.-Ges. erlassen, verbreitet oder abgegeben werden.

f.

Oeffentliche Bekanntmachungen, die zur Betheiligung an dem Grundkapital einer Act.-Ges. auffordern oder Erklärungen im Namen einer Act.-Ges. enthalten, müssen vom Vorstand der Gesellschaft nach der Vorschrift des Art. 229 unterzeichnet sein. Wer dieser Vorschrift zuwiderlaufende öffentliche Bekanntmachungen erläßt, wissentlich verbreitet oder zu deren Erlaß oder Verbreitung wissentlich mitwirkt, wird mit einer Geldstrafe bis zu Eintausend Thalern bestraft.

g.

Gänzlich zu streichen würden hiernach sein die Art. 209 a bis c und der Art. 210 a des Gesetzes vom 11. Juni 1870.

§ 3. Zur Motivirung dieser Vorschläge mögen außer dem bereits Hervorgehobenen noch die nachstehenden Bemerkungen dienen.

Wenn das Erforderniß der Vollzeichnung fortfällt, so verliert damit auch die gegenwärtig vorgeschriebene Einzahlung der 10 pro Cent ihre Bedeutung. Es bleibt demnach der Gesellschaft überlassen, wann sie ihr Vorbereitungsstadium für beendet erachten und den Geschäftsbetrieb beginnen will, der den Gegenstand ihres Unternehmens bildet. Dies liegt auch in der Natur der Sache, da sich allgemeine, auf die verschiedenen denkbaren Fälle passende Regeln hier gar nicht aufstellen lassen. Zur ersten Frage (oben S. 39) ist gezeigt worden, daß der Einschuß, den das geltende Recht fordert, keine Sicherheit für die Solidität des Unternehmers darbietet, und wenn man etwa eine Verschärfung des gesetzlichen Erfordernisses in Aussicht nehmen und die Höhe der nothwendigen Einzahlungen statt auf zehn, auf vierzig pro Cent oder noch höher normiren wollte [1]), so würde damit zwar das Zustandekommen der Actiengesellschaften im Allgemeinen erschwert werden; allein voraussichtlich würden gerade die auf die Agiotage berechneten Unternehmungen hiervon am wenigsten betroffen werden, da sich bei diesen stets die Mittel finden würden, um den erhöhten Forderungen des Gesetzes zu genügen.

Es mag hier hervorgehoben werden, daß das, was vorher über die Verität der Zeichnungen bemerkt worden ist, ebenso, ja in noch höherem Grade von der Verität der Einzahlungen gilt. Die Simulation von Einzahlungen macht unzweifelhaft civilrechtlich verantwortlich und nach Art. 249 auch strafbar. Die früher geschilderte Art der Einzahlung, wonach dieselbe sich auf eine bloße Gutschrift in den Büchern eines Bankiers reduzirt, enthält indeß keine Simulation, da hier Nichts vorgestellt wird, als was wirklich geschehen ist und es läßt sich meines Erachtens auch keine Vorschrift geben, durch welche das Verfahren für unzulässig erklärt würde [2]).

Ueberläßt man nach den obigen Vorschlägen den Beginn des Geschäftsbetriebes dem Ermessen der Gesellschaft, so wird eine Bestimmung erforderlich, nach welcher die Gesellschaft auf Verlangen einzelner Actionäre in Liquidation treten muß, wenn sie nicht binnen der im Statut angegebenen oder eventuell gesetzlich festgestellten Frist ihre Geschäfte wirklich begonnen hat. Weiteres hierüber unten zu Frage VI.

§ 4. Auch die Prüfung der Apports und des Werthes der übernommenen Anlagen, wie sie gegenwärtig bei uns vorgeschrieben ist (Art. 209 ^{b}, 210 ^{a} No. 4), wird mit dem Erforderniß der Vollzeichnung in Wegfall kommen müssen. Bekanntlich ist diese auf einer Nachbildung des französischen Gesetzes beruhende Vorschrift in ihrer Wirkung ganz illusorisch, da die constituirende Gen.-Vers., welcher die Prüfung obliegt, regelmäßig aus den ersten Zeichnern, d. h. den Personen besteht, die den Gesellschaftsvertrag errichtet haben. Man hat in dieser Hinsicht verschiedene andere

---

1) Nach Zeitungsnachrichten wird dies in dem in Aussicht genommenen österreichischen Entwurfe eines Actiengesetzes beabsichtigt.

2) Man kann zwar bei gewissen Arten der Actiengesellschaften die Deponirung einer bestimmten Summe oder eines Theiles des Grundkapitals in öffentlichen Kassen fordern, indeß eine allgemeine Vorschrift dieser Art ist doch unmöglich.

Garantien für das Publikum in Vorschlag gebracht, so namentlich, daß die früheren Erwerbspreise oder Taxen der übernommenen Anlagen und Vermögensstücke veröffentlicht werden sollen. Ich halte den Erfolg derartiger Maßregeln für sehr prekär. Daß der Maßstab, der sich aus den früheren Erwerbspreisen ergiebt, ein sehr unsicherer ist, liegt auf der Hand, da die mannigfachsten Zufälligkeiten auf dieselben eingewirkt haben können. Aber auch Abschätzungen werden gerade in den Zeiten gesteigerter Conjunctur, in denen eine Warnung des Publikums doch vorzugsweise nöthig wäre, nur von geringem Nutzen sein, da in solchen Zeiten immer auch eine rapide Preissteigerung der für die Gründungen in Betracht kommenden Werthe eintritt. Ueberdieß werden die Gründer immer in der Lage sein, Objecte zu bezeichnen, die sich jeder Schätzung entziehen, wie z. B. die Firma, die Kundschaft eines erworbenen Geschäftes u. m. dgl.

Es würde hiernach meines Erachtens nicht ersprießlich sein, solche Vorschriften zu erlassen. Ehe man unzuverlässige Wegweiser aufstellt, mag man lieber rund heraus erklären, daß Jedermann sich selbst zurechtfinden müsse.

§ 5. In Bezug auf die Offenlegung der Gründervortheile erscheint das Verlangen gerechtfertigt, daß die Personen, die den Gesellschaftsvertrag errichten, vollständige Rechenschaft über alle Verträge und Abmachungen geben, die sie selbst vor der Eintragung des Statuts behufs des Zustandekommens der Gesellschaft abgeschlossen haben. Diesem Verlangen wird durch die oben § 2 zu b vorgeschlagene Bestimmung entsprochen. Einer besonderen Strafsanction bedarf es nicht, da im Falle einer unwahren Versicherung die in § 271[1]), 272 (vgl. § 43) R.-St.-G.-B. angedrohten Strafen Platz greifen würden.

Dagegen ist es meines Erachtens unmöglich, noch einen Schritt weiter zu gehen und auch die Offenlegung derjenigen Verträge und Abmachungen zu fordern, welche dritte Personen in Betreff der Act.-Ges. nicht mit einem der Gründer, sondern unter einander abgeschlossen haben. Eine solche Vorschrift würde nicht nur aller ratio juris widersprechen, sondern auch völlig unrealisirbar sein. Es ist hiernach nicht zu bestreiten, daß immer noch Personen vorhanden sein können, die hinter dem Rücken der wirklich hervortretenden Gründer agiren und ohne daß sie mit den letzteren irgend welche Abmachungen treffen, den größten Theil des Gründerlohns erhalten. Indeß läßt sich diese Möglichkeit einerseits überhaupt nicht vollständig ab-

---

1) 271: „Wer vorsätzlich bewirkt, daß Erklärungen, Verhandlungen oder Thatsachen, welche für Rechte oder Rechtsverhältnisse von Erheblichkeit sind, in öffentlichen Urkunden, Büchern oder Registern als geschehen beurkundet werden, während sie überhaupt nicht oder in anderer Weise oder von einer Person in einer ihr nicht zustehenden Eigenschaft oder von einer anderen Person abgegeben oder geschehen sind, wird mit Gefängniß bis zu sechs Monaten oder mit Geldstrafe bis zu Einhundert Thalern bestraft. — Nach § 272 tritt, wenn bei den vorbezeichneten Handlungen die Absicht zu Grunde liegt, sich oder einem Andern einen Vermögensvortheil zu verschaffen oder Anderen Schaden zuzufügen, Zuchthausstrafe bis zu zehn Jahren ein, neben welcher auf Geldstrafe von fünfzig bis zweitausend Thalern erkannt werden kann.

schneiden und sie wird andererseits durch die hier vorgeschlagenen Bestimmungen erheblich verringert. Schon daß die obige Erkärung mindestens von sieben Personen abgegeben werden muß, darf als eine Erschwerung der angedeuteten Operationen betrachtet werden, denn daß keine dieser sieben Personen in die Verhandlungen der Zwischenmänner mit hineingezogen sein sollte, ist ein Fall, der im Ganzen doch nur selten eintreten wird. Noch wesentlicher aber erscheint es mir, daß die Act.-Ges. nach den obigen Vorschlägen viel früher als dies bisher möglich war, zur rechtlichen Existenz gelangen und aus dem embryonischen Zustand heraustreten kann. Von dem Augenblick an, wo dies geschieht, verwandeln sich die Gründer in die verantwortlichen, von der Gen.-Vers. abhängigen Vertreter der Gesellschaft.

Aus dem Bisherigen ergiebt sich, daß bei der nach § 2 zu d einzuberufenden Gen.-Vers. nicht an eine eigentlich constituirende Versammlung gedacht ist. Den Actionairen soll nur Bericht über den Stand des Gesellschaftskapitals und über die Geschäftslage der Gesellschaft erstattet und es soll ihnen eventuell Gelegenheit geboten werden, sich über die Neuwahl eines anderen Vorstandes schlüssig zu machen[1].

§ 6. Die in Betreff der Ausgabe unter Pari vorgeschlagene Bestimmung rechtfertigt sich theils durch das früher Bemerkte, theils durch die Erwägung, daß es sich hierbei immer um eine Verkürzung des Grundkapitals handelt, mithin ebenso wie bei der Gewährung von Zinsen während der Vorbereitungszeit (Art. 221) die Befugniß im Gesellschaftsvertrage selbst eingeräumt sein muß. Ist die Befugniß in demselbem nur in beschränkter Weise gewährt, z. B. so daß ein Kurs festgesetzt ist, unter welchen bei der Ausgabe nicht hinunter gegangen werden darf, so sind natürlich diese Grenzen festzuhalten. — Die Vorschrift, daß die Ausgabe in diesem Fall nur auf Grund eines schriftlichen Vertrages erfolgen darf, scheint mir nothwendig, um Collusionen vorzubeugen.

Die Folge der Nichtbeachtung dieser Vorschriften muß zunächst sein, daß die mit den Zeichnern geschlossene Abrede der Gesellschaft gegenüber nichtig ist und daß die Zeichner für den Nominalbetrag der gezeichneten Actien haften. Daß daneben auch eine Haftung der Gesellschaftsorgane, welche die Actien ausgegeben haben, eintritt, braucht als selbstverständlich nicht besonders ausgesprochen zu werden[2].

---

[1] Im englischen Gesetz von 1867 wird eine Strafe festgesetzt von five pounds a day for every day after the expiration of such four months until the meeting is held. Die Strafe trifft jeden Director, manager oder Unterzeichner des Memorandum who knowingly authorizes or permits such default und ebenso die Gesellschaft selbst. Wenn man den Actionären die Befugniß giebt, den Richter Behufs Einberufung der Generalversammlung anzugehen, so wird diese Strafbestimmung entbehrt werden können (unten Frage VI § 10).

[2] Von einer Ausgabe der Actien unter pari kann nur den ersten Zeichnern gegenüber die Rede sein. Daß die Actionäre die von ihnen gezeichneten Beträge zu einem niedrigeren Curse weiter veräußern, ist ohne jede Beschränkung statthaft;

Ebenso bedarf die Anwendung der obigen Bestimmung auf den Fall, in welchem den Actionairen andere besondere Vortheile eingeräumt werden, keiner weiteren Begründung.

§ 7. Von den vorgeschlagenen Strafbestimmungen (§ 2 ͤ und ᶠ) ist die erste eine Erweiterung und in Bezug auf das Strafmaaß auch eine Verschärfung der bereits gegenwärtig im Art. 249 Nr. 3 enthaltenen Vorschrift. Die Bestimmung entspricht dem allgemeinen Rechtsbewußtsein, welchem es zuwider ist, daß Handlungen, die in Bezug auf die Unsittlichkeit ihrer Motive wie in Bezug auf die Gefährlichkeit ihrer Wirkung auf einer Stufe mit dem Betruge stehen, der Betrugsstrafe nur deshalb nicht unterliegen sollen, weil sie nicht gegen eine einzelne Person, sondern gegen das Publikum gerichtet sind und weil deshalb der Causalzusammenhang zwischen der Täuschung und der Vermögensbeschädigung im concreten Fall nicht leicht festzustellen ist. Die Aufnahme einer derartigen Bestimmung wird um so weniger Bedenken haben, als sich ähnliche Strafvorschriften sowohl in der französischen wie in der englischen Gesetzgebung finden.

Nach der ersteren fallen die hier verpönten Handlungen unter den Begriff der escroquerie.

Code pén. art. 405. Quiconque soit en faisant usage de faux noms ou de fausses qualités soit en employant des manoeuvres frauduleuses pour persuader l'existence de fausses entreprises, d'un pouvoir ou d'un crédit imaginaire ou pour faire naître l'espérance ou la crainte d'un succès, d'un accident ou de tout autre événement chimérique, se sera fait remettre ou délivrer des fonds, des meubles ou des obligations, dispositions, billets, promesses quittances ou décharges et aura par un de ces moyens escroqué ou tenté d'escroquer la totalité ou une partie de la fortune d'autrui, sera puni d'un emprisonnement d'un an au moins et de cinq ans au plus et d'une amende de 500 frs. au moins et de 3000 frs. au plus. Le coupable pourra être en outre à compter du jour où il aura subi sa peine, interdit pendant cinq ans au moins et dix ans au plus des droits mentionnés en l'art. 42 du présent code (droits civiques); le tout sauf les peines plus graves s'il y a crime de faux.

Im englischen Recht verordnet das Statut 24 u. 25 Vict. c. 96, c. 96, sect. 84

Whosoever being a director manager or public officer of any body corporate or public company shall make, circulate or publish or concur in making, circulating or publishing any written statement or account, which he shall know to be false in any material particular with intent to deceive or defraud any member shareholder or creditor of such body corporate or public company or with intent to induce any person to become a partner or shareholder or partner

---

vgl. Anschütz Commentar II, S. 509. So selbstverständlich dies ist, so scheinen doch Mißverständnisse hierüber nicht selten zu sein.

therein or to intrust or advance any property to such body corporate or public company or to enter into any security for the benefit thereof shall be guilty of a misdemeanor and being convicted thereof shall be liable at the discretion of the court to any of the punishments which the court may award as herebefore last mentioned.

Die Strafen, auf die hier verwiesen wird, sind:
to be kept in penal servitude for any term not exceeding seven years and not less than three years or to be imprisoned for any term not exceeding two years with or without hard labour and with or without solitary confinement.

Die zweite oben (§ 2[1]) vorgeschlagene Strafbestimmung, welche der Anonymität der Prospecte entgegentreten soll, ist durch das praktische Bedürfniß gerechtfertigt. Sie hat einen polizeilichen Character, deswegen erscheint es auch angemessen, hier nur eine Geldstrafe anzudrohen. Daß dadurch zugleich ein neues Preßvergehen geschaffen wird, kann, wenn man die Vorschrift sachlich für begründet erachtet, nicht als ein Bedenken gegen dieselbe geltend gemacht werden.

V.

Soll außer der Controle des Publikums (Actionäre, Gläubiger) eine weitere Controle durch den Staat und in welcher Art (Controlämter oder im einzelnen Fall beauftragte Behörden) eingeführt werden?

Die Frage, ob zu dem System der Staatscontrole zurückzukehren sei, ist bereits oben verneint worden und diese Verneinung muß auch hier wiederholt werden. Controlämter haben eine ernstliche Bedeutung nur als Organe der Staatsverwaltung und unter der Voraussetzung, daß dem Staat die Oberaufsicht über die A.-Gesellschaften zusteht. In diesem Sinne bestehen im Königreich Italien die durch ein königl. Decret vom 5. September 1869 daselbst eingesetzten uffizi provinciali d'ispezione, denen in decentralisirter Weise die Ausübung derjenigen Befugnisse übertragen ist, welche nach dem derzeit geltenden italienischen H.-G.-B. der Staatsregierung in Bezug auf die Überwachung der A.-Gesellschaften eingeräumt sind.

Wenn dagegen, wie hier vorausgesetzt ist, die Oberaufsicht des Staates in Wegfall kommt und das Eingreifen zum Schutz der öffentlichen Ordnung wie zur Wahrung verletzter Privatinteressen dem Richter überlassen bleibt, so entfällt auch der wesentliche Zweck derartiger Behörden. Man könnte alsdann bei Einsetzung derselben meines Erachtens höchstens das Ziel ins Auge fassen, eine Anstalt zu schaffen, welche:

a) gewissermaßen ein Erkundigungsbüreau für das Publikum wäre und die durch Prüfung der einzelnen Unternehmungen, ihrer Ankündigungen, Berichte, Bilanzen u. dgl. demselben geeignete Aufklärung und Warnung zu Theil werden lassen könnte. — Eine solche Behörde könnte dann gleichzeitig

b) als Beirath für den Richter, insbesondere bei den später noch zu besprechenden Untersuchungen in Aussicht genommen werden.

Was den ersten Punkt betrifft, so würde der Staat, wenn er sich ein derartiges Ziel stecken wollte, nur in anderer Form die Aufgabe übernehmen, zu deren Lösung er sich selbst bei Erlaß der Novelle ausdrücklich als unvermögend bekannt hat, nämlich das Publikum von Amtswegen gegen die Folgen des Leichtsinns und der Uebereilung zu schützen. Das einzige Mittel, durch welches dies bewerkstelligt werden kann, ist nicht eine Behörde, sondern eine unabhängige, die Erscheinungen der Börse sachverständig und eingehend würdigende periodische Presse. An einer solchen fehlt es leider bei uns bisher nur allzu sehr und es mag dahin gestellt bleiben, in wie fern der Staat hierbei wohlthätigen Einfluß auszuüben vermag. Der Weg, den die obige Frage an die Hand giebt, dürfte indeß hierzu kaum geeignet sein und keinenfalls ist das Actiengesetz der Ort, um in dieser Beziehung Bestimmungen zu treffen.

Besondere Sachverständigenbehörden zum Zweck der richterlichen Information zu begründen, ist meines Erachtens kein Bedürfniß vorhanden. Einerseits besitzen wir bereits solche Organe in den Handelskammern, kaufmännischen Corporationen u. dgl. Andererseits ist in den Handelsgerichten, die mittels der deutschen Civilprozeßordnung hoffentlich bald in ganz Deutschland Eingang finden werden, selbst kaufmännische Sachkenntniß vertreten. Endlich wird da, wo sich etwa doch noch die Nothwendigkeit eines besonderen sachverständigen Beirathes herausstellen sollte, es nicht schwer fallen, geeignete Experten heranzuziehen. Die Einsetzung besonderer Behörden zu diesem Behuf erscheint mir nicht räthlich.

Ich würde hiernach die obige Frage in ihrem ganzen Umfang verneinen.

VI.

Bedarf die Organisation, die Leitung und Verwaltung der Actiengesellschaften einer veränderten Regelung, eventuell auch durch die Gesetzgebung?

§ 1. Diese Frage hat weitere Dimensionen als alle bisher gestellten. Die einzelnen Gesichtspunkte, die hierbei zur Sprache kommen, sollen in folgender Ordnung erörtert werden: A. Organisation. B. Geschäftsführung. C. Rechte der einzelnen Actionaire. D. Umfang der Verantwortlichkeit der Gesellschaftsorgane. E. Auflösung.

A. Organisation.

§. 2. Die Stellung der drei Gesellschaftsorgane, welche jede A.=Gesellschaft seit dem 11. Juni 1870 haben muß: des Vorstandes, Aufsichts=rathes und der Gen.=Versammlung, ihr gesetzliches und thatsächliches Ver=hältniß zu einander ist oben dargelegt worden. Dabei hat sich gezeigt, daß die Absichten des Gesetzgebers in vieler Hinsicht unerfüllt geblieben sind, daß insbesondere der Aufsichtsrath statt der ständigen, das Interesse der Actionaire vertretenden Controlbehörde, welche er ursprünglich sein sollte, vielfach die Handhabe geworden ist, um den Gründern die dauernde Herrschaft über das Gesellschaftsunternehmen zu sichern, daß ferner die Gen.=Verf., welcher, um mit dem belg. Entwurf zu reden, von Rechtswegen les pouvoirs les plus étendus zustehen, pour faire et ratifier les actes qui intéressent la société, in der Praxis nicht selten zu einer bedeutungs=losen Förmlichkeit herabgesunken ist.

Man kann den Gesetzgeber unmöglich für alle diese Uebelstände ver=antwortlich machen, er ist weder verpflichtet noch auch nur in der Lage, ihnen sämmtlich abzuhelfen. Das Gesetz kann wohl einer unzulässigen, nicht aber einer unzweckmäßigen Verfassung der A.=Gesellschaften entgegen=treten. Wie schon hervorgehoben, genügt dasselbe seiner Aufgabe, wenn es die Möglichkeit einer angemessenen Organisation und allenfalls durch Dispositiv=bestimmungen Anleitung hierzu giebt. Im Uebrigen aber muß innerhalb des Erlaubten freier Spielraum für die Privatautonomie vorhanden sein.

Auch wenn man die Aufgabe der Gesetzgebung in dieser beschränkten Weise auffaßt, ergiebt sich freilich bei der zur Zeit bestehenden eine ganze Reihe von Ausstellungen und Desideraten.

1) Vorstand und Aufsichtsrath.

§ 3. Ich halte die Bestimmung der Novelle, welche den Aufsichtsrath zu einem gesetzlich nothwendigen Organ der A.=Gesellsch. gemacht hat, nicht für glücklich. Die Motive ziehen hierbei eine Parallele zwischen der A.=Gesellsch. und der Commanditgesellschaft auf Actien. Diese Parallele trifft indeß nicht zu. Bei der Actiencommandite hat der Aufsichtsrath die Aufgabe, das Interesse der Commanditisten gegenüber dem Complementär, d. h. einem in Bezug auf den Ursprung und die Dauer seiner Stellung wie in Bezug auf die Geschäftsführung von der General=Versammlung wesentlich unab=hängigen oder ihr doch gleichberechtigt gegenüberstehenden Vertreter der Gesellschaft wahrzunehmen. Im Gegensatz hierzu ist der Vorstand jeder=zeit absetzbar und an die Beschlüsse der Gen.=Verf. gebunden. Aus der naturgemäßen Anlage der A.=Gesellsch. ergiebt sich mithin keine Veranlas=sung, die Einsetzung eines ständigen Aufsichtsorgans anzuordnen; es kann füg=lich der einzelnen Gesellschaft anheimgestellt werden, wie sie sich gegen Miß=bräuche ihrer Vertreter wahren will. Am zweckmäßigsten würde ein solcher Schutz meines Erachtens durch eine angemessene Organisation des Vorstandes selbst erreicht werden, wenn derselbe z. B. kollegialisch eingerichtet und dem

Kollegium die Befugniß, bez. die Obliegenheit übertragen würde, die einzelnen Mitglieder zu kontrolliren und eventuell auch abzusetzen.

Die gegenwärtig stattfindende Sonderung der beiden Behörden ist dagegen eine künstliche Complication und die Erfahrung hat gezeigt, daß dieselbe weit eher dazu dient, die Verantwortlichkeit durch die Theilung derselben abzuschwächen, als eine gesteigerte Sicherheit für eine gute Geschäftsleitung herbeizuführen. Wird man demnach auch die einzelnen Actiengesellschaften nicht daran hindern können, sich einen Aufsichtsrath zu bestellen, so möchte es doch vom Standpunkt der Zweckmäßigkeit eher angezeigt sein, der Einsetzung eines solchen entgegen zu wirken, als sie zu befördern.

Jedenfalls würde ich hiernach vorschlagen, zu dem früheren Recht zurückzukehren, nach welchem der Aufsichtsrath bei der A.=Ges. facultativ war.

§ 4. Von den neueren fremdländischen Gesetzgebungen verlangt nur der belgische Entwurf eine unseren Aufsichtsrath an die Seite zu stellende Ueberwachungsbehörde. Dieselbe führt dort den Namen commissaires. Dagegen wird dies Institut weder von der italienischen, noch von der französischen oder englischen Gesetzgebung als ein der Verfassung der A.=Ges. wesentlicher Bestandtheil betrachtet. Die französische wie die italienische Gesetzgebung fordern ganz consequent den Aufsichtsrath nur bei der Commanditgesellschaft auf Actien, nicht dagegen bei der A.=Ges. Das französische Gesetz vom 24. Juli 1867 schreibt statt dessen für die letztere folgende Einrichtung vor:

Die jährliche Generalversammlung soll erwählen:
    un on plusieurs commissaires associés ou non, chargés de faire un rapport à l'assemblée générale de l'année suivante sur la situation de la société, le bilan et sur les comptes présentés par les administrateurs.

Diese Commissarien sind mit den belgischen und mit unserem Aufsichtsrath nicht zu verwechseln, sie sind nicht mit der Ueberwachung der Geschäftsführung, sondern nur mit der Prüfung der Rechnungslegung beauftragt und haben bestimmt abgegrenzte Befugnisse, wie sie ihrer begrenzten Aufgabe entsprechen.

    Pendant le trimestre qui précède l'époque fixée par les statuts pour la réunion de l'assemblée générale, les commissaires ont droit toutes les fois qu'ils le jugent convenable dans l'intérêt social de prendre communication des livres et d'examiner les opérations de la société. — Ils peuvent toujours en cas d'urgence convoquer l'ass. gén.[1]

Eine ähnliche Stellung haben die zwar nicht in dem englischen Gesetz, wohl aber in dem demselben beigefügten Musterstatut erwähnten auditors. Beide sind mithin eine Revisionscommission, wie sie bekanntlich

---

[1] Diese letztere Befugniß reicht allerdings über eine bloße Rechnungscontrole hinaus.

auch in unseren Statuten häufig vorkommt, wenngleich sie hier regelmäßig nicht in sehr wirkungsvoller Weise angeordnet wird. Die Frage, ob und wie diesem Institut auch bei uns eine gesetzliche Grundlage zu geben sei, wird noch später erörtert werden.

§ 5. Jedenfalls müßte für den Fall, daß der Aufsichtsrath im Gesetz beibehalten wird oder daß das einzelne Statut die Bestellung desselben anordnet, ausdrücklich ausgesprochen werden, daß er jederzeit durch die Generalversammlung absetzbar ist. Gegenwärtig ist es bei uns mindestens sehr zweifelhaft, ob der Generalversammlung eine solche Befugniß zusteht und auch der belgische Entwurf hat es für nöthig erachtet, dies besonders zu bestimmen [1]).

Die Absetzung wird natürlich wie beim Vorstand nur statthaft sein „unbeschadet der Entschädigungsansprüche aus bestehenden Verträgen." Deswegen ist auch neben der Widerruflichkeit eine Bestimmung nicht überflüssig, welche das zulässige Maximum der Wahlperiode festsetzt [2]). Es würde meines Erachtens angemessen sein, noch als weiteres Moderamen hinzuzufügen:

daß im Falle der Absetzung die etwaigen Entschädigungsansprüche nach billigem Ermessen des Richters festzustellen sind.

Eine gleiche Bestimmung scheint mir auch als eine Ergänzung des Art. 227 in Betreff des Vorstandes wünschenswerth zu sein, da sonst die Besorgniß vor allzu großen Schadensansprüchen die Befugniß zur Absetzung leicht illusorisch machen könnte.

§ 6. Gewissen Personen muß durch das Gesetz die Fähigkeit abgesprochen werden, eine Stelle im Vorstand oder Aufsichtsrath einer Actiengesellschaft zu bekleiden. Dahin sind zu rechnen:

a) alle diejenigen, denen die bürgerlichen Ehrenrechte aberkannt sind, während der Dauer der Aberkennung.
b) Personen über deren Vermögen Konkurs eröffnet ist bis zur Wiedereinsetzung in den vorigen Stand.

Die Wahl solcher Personen muß als gegen ein jus publicum verstoßend, der Cassation durch den Richter unterliegen. (Vgl. unten § 16.)

Außerdem wird aber dem Richter die Befugniß einzuräumen sein, in Fällen der Dringlichkeit „aus wichtigen Gründen" — vgl. H.-G.-B. Art. 125 — Mitglieder des Vorstandes und des Aufsichtsrathes einstweilen ihres Amtes zu entheben und eventuell auch für eine einstweilige anderweitige Vertretung der Gesellschaft Sorge zu tragen. Die endgültige Entscheidung über die Beibehaltung oder Absetzung der suspendirten Personen wird in diesem Fall einer sofort einzuberufenden außerordentlichen Generalversammlung zustehen müssen.

Das Bedürfniß nach einer Bestimmung, die ein derartiges provisorisches Eingreifen des Richters möglich macht, ergiebt sich daraus, daß

---

1) Ils sont toujours révocables par l'ass. gen. Belgischer Entwurf Art. 53.
2) Art. 225, 191 H.-G.-B. — Der belgische Entwurf bestimmt in dem citirten Artikel zugleich: la durée de leur mandat ne peut excéder six ans.

bis zum Zusammentreten der Generalversammlung, auch der außerordentlichen, nothwendig immer ein längerer Zeitraum verstreichen muß, während dessen der Gesellschaft der größte Schaden zugefügt werden kann. Die Bestimmung ist auch dann nicht überflüssig, wenn, wie dies meist in den Statuten angeordnet ist, dem Aufsichtsrath die Absetzung des Vorstandes zusteht, da Collusionen zwischen Vorstand und Aufsichtsrath sehr wohl möglich sind und in der Praxis auch nicht eben zu den Seltenheiten gehören.

§ 7. In Bezug auf die Functionen des Vorstandes und des Aufsichtsrathes werden, vorausgesetzt daß überhaupt ein Aufsichtsrath vorhanden ist, die bisherigen Bestimmungen im Allgemeinen beizubehalten sein. Gegen die oben gerügte Einräumung zu weit gehender Befugnisse an den Aufsichtsrath in den einzelnen Statuten wird sich keine gesetzliche Vorkehrung treffen lassen.

Einer erheblichen Aenderung bedürfen jedoch die Vorschriften über die Rechnungslegung und die Prüfung der Bilanz, worüber später das Nähere bemerkt werden wird. Außerdem empfiehlt es sich, nach Analogie des französischen und englischen Gesetzes sowie des belgischen Entwurfs eine Bestimmung aufzunehmen, daß kein Mitglied des Vorstandes oder Aufsichtsrathes sich ohne besondere Genehmigung der Generalversammlung an Acten der Geschäftsführung oder Vertretung betheiligen darf, bei welchen er ein der Gesellschaft entgegengesetztes Interesse hat. Einer besonderen Festsetzung der civilrechtlichen Folgen des Zuwiderhandelns bedarf es nicht, da dieselben nach allgemeinen Rechtsgrundsätzen in derjenigen Verantwortlichkeit bestehen, welche durch eine verbotswidrig übernommene Führung fremder Geschäfte begründet wird.

§ 8. Das Gesetz gestattet, dem Aufsichtsrath eine Belohnung zu gewähren. Eine Beschränkung besteht nur für die Mitglieder des ersten Aufsichtsrathes, denen die Vergütung blos durch einen nach Ablauf des ersten Geschäftsjahres einzuholenden Beschluß der Generalversammlung bewilligt werden darf. (Art. 225, 192.) Die meisten Statuten bestimmen hiernach die Belohnung des Aufsichtsrathes (außer dem ersten) von vornherein in Gestalt einer festen Tantieme am Reingewinn. Ich halte es nicht für räthlich, hieran zu ändern. Allerdings ist die Stellung der Mitglieder des Aufsichtsrathes häufig nicht mit großer Arbeit verknüpft. Gleichwohl würde es, wenn man überhaupt einen Aufsichtsrath haben will, eine schlechte Politik sein, Unentgeldlichkeit der Dienste von ihm zu verlangen und ebensowenig halte ich die Bestimmung des belgischen Entwurfes (Art. 53) für praktisch:

l'ass. gén. fixe les émoluments des commissaires, lesquels ne peuvent être supérieurs au tiers de ceux d'un administrateur.

Das Verhältniß der Emolumente des Aufsichtsrathes zu denen des Vorstandes ist ganz willkürlich und was die Fixirung durch die Generalversammlung anlangt, so erscheint dieselbe für eine ständige Behörde auch nicht sehr praktisch.

Will man überhaupt Bestimmungen über die Art und Höhe der Belohnungen treffen, so wird es am richtigsten sein, das was gegenwärtig gewöhnlich in den Statuten bestimmt wird, gesetzlich anzuordnen. Danach würde etwa die Vorschrift zu geben sein, daß dem Aufsichtsrath eine Vergütung überhaupt nur aus dem Reingewinn und nach Abzug des statutenmäßig für das Reservekapital zurückzubehaltenden Betrages bewilligt werden darf.

§ 9. Das französische Gesetz (Art. 26) verordnet:
les administrateurs doivent être propriétaires d'un certain nombre d'actions déterminé par les statuts. Ces actions sont affectées en totalité à la garantie de tous les actes de la gestion.

Eine analoge Bestimmung enthält auch der belgische Entwurf und in vielen unserer Statuten wird ebenfalls, wenngleich häufig in sehr unvollkommener Fassung die Bestellung einer Caution in Gesellschaftsactien vorgeschrieben. Ist es gerathen, durch gesetzliche Anordnung die Hinterlegung einer derartigen Caution für erforderlich zu erklären? Ich würde die Frage verneinen. Einerseits weil überhaupt kein Grund vorhanden zu sein scheint, in dieser Hinsicht der Willkür des Gesellschaftsvertrages vorzugreifen. Andererseits weil die ganz abstracte Bestimmung, daß überhaupt eine Caution bestellt werden müsse, ersichtlich nur sehr geringen Werth hat. Der belgische Entwurf will zwar diesem Mangel abhelfen, indem er auch die Höhe der Sicherheit gesetzlich feststellt und zwar auf den fünfzigsten Theil des Actiencapitals, jedoch im Ganzen höchstens auf 50,000 Frs.

Indeß dürfte diese Bestimmung ebensowenig zu empfehlen sein. Sie kann unter Umständen die Bestellung tüchtiger Mitglieder des Vorstandes und Aufsichtsrathes verhindern und wird sich in anderen Fällen als unzureichend erweisen.

2) Die Generalversammlung.

§ 10. Nach dem bestehenden Recht fehlt bei uns jedes Mittel, um einen widerwilligen Vorstand oder Aufsichtsrath zur ordnungsmäßigen und rechtzeitigen Einberufung der Generalversammlung anzuhalten. Das englische Musterstatut und der belgische Entwurf greifen in Betreff der ordentlichen Generalversammlung zu dem Auskunftsmittel, daß dieselbe an einem ein für alle Mal bestimmten Tag, z. B. the first monday in February in every year und an einem durch das Statut oder die frühere Generalversammlung im Voraus bestimmten Ort stattfinden müsse.

Das englische Statut giebt zugleich den Actionären sowohl für die ordentlichen wie für die außerordentlichen Generalversammlungen die Mittel zu einer energischen Selbsthülfe an die Hand. Ist innerhalb fünfzehn Minuten nach der für die Eröffnung der Versammlung bestimmten Zeit der vorsitzende Director nicht gegenwärtig, so schreiten die anwesenden Mitglieder selbst zur Wahl eines solchen [1]).

---

1) The chairman of the board of directors shall preside as chairman at

Wird die außerordentliche Generalversammlung auf den Antrag der entsprechenden Zahl von Mitgliedern nicht durch das Directorium binnen 21 Tagen nach der Einreichung des Antrages berufen, so können die Antragsteller selbst oder auch andere Actionäre, sofern deren Actien den zur Stellung eines solchen Antrages erforderlichen Betrag erreichen, selbst eine außerordentliche Generalversammlung einberufen [1]).

So praktisch diese Bestimmungen in manchen Fällen auch sein mögen, ihre Aufnahme in das Gesetz erscheint doch bedenklich. Die ordentliche Generalversammlung von vornherein auf einen bestimmten Tag festzusetzen, ist schon deswegen mißlich, weil unvorhergesehene Hindernisse eintreten können. Ebensowenig ist es angemessen, in Betreff der außerordentlichen Generalversammlung die Selbsthülfe eintreten zu lassen, da alsdann im Fall eines Conflictes leicht von verschiedenen Seiten Generalversammlungen einberufen werden könnten. Zweckmäßiger und einfacher dürfte es sein, für die Fälle einer verweigerten oder ungebührlich verzögerten Zusammenberufung, sowohl der ordentlichen wie der außerordentlichen Generalversammlung, die Möglichkeit richterlicher Abhülfe zu gewähren. Nur mußte hierzu nicht eine förmliche Klage erforderlich sein, sondern das Einschreiten des Richters müßte schon auf Grund eines Bescheinigungsverfahrens zulässig sein.

Hiernach würde ich folgende Bestimmung in Vorschlag bringen:

Die Zusammenberufung der Generalversammlung kann durch den Richter erfolgen, wenn genügend bescheinigt ist, daß die Personen, welche gesetzlich oder nach den Bestimmungen des Gesellschaftsvertrages hierzu verpflichtet sind, die Einberufung ablehnen oder ungebührlich verzögern.

Der Richter kann in diesem Fall einzelne Actionäre oder auch andere Personen mit der Zusammenberufung der Generalversammlung beauftragen. Der Antrag auf Einberufung der Generalversammlung durch den Richter muß von derjenigen Zahl von Actionären ausgehen, welche die Einberufung einer außerordentlichen Generalversammlung zu fordern berechtigt sind [2]).

§ 11. Die Bestimmung, daß Actionäre, deren Actien zusammen den zehnten Theil des Grundkapitals darstellen, die Einberufung einer außerordentlichen Generalversammlung fordern können (Art. 237, Abs. 2) — gehört zu der geringen Zahl gesetzlicher Vorschriften, welche den einzelnen

---

every general meeting of the company. If there is no chairman or if at any meeting he is not present within 15 minutes after the time appointed for holding the meeting, the members present shall choose some one of their number to be chairman.

1) If they (the directors) do not proceed to convene the same (viz. the extraordinary general meeting) within 21 days after the day of the requisition, the requisitionists or any other members amounting to the required number may themselves convene an extraordinary general meeting.

2) Ich halte dies Erforderniß in Betreff der Activlegitimation für nothwendig bei jedem Antrag auf richterliche Einberufung der General-Versammlung, mag es sich um eine außerordentliche oder um eine ordentliche Versamlung handeln.

in den Gesellschaftsangelegenheiten Befugnisse einräumen. Die Garantie, die hierdurch dargeboten werden soll, wird aber alsbald wieder erheblich abgeschwächt, da in dem Gesellschaftsvertrag das Recht, die Berufung einer außerordentlichen Generalversammlung zu verlangen, auch an den Besitz einer größeren Zahl von Actien geknüpft werden kann. Hier wird es nothwendig sein, eine absolute Bestimmung zu geben. Ich würde die gesetzlichen Bedingungen für das Recht etwas höher stellen als bisher, zugleich aber vorschreiben, daß dieser Betrag durch den Gesellschaftsvertrag zwar herabgesetzt, nicht aber erhöht werden darf[1]).

Hiernach würde Art. 237 Abs. 2 dahin zu fassen sein:

Die Gen. Vers. muß auch dann berufen werden, wenn dies ein Actionär oder eine Anzahl von Actionären, deren Actien zusammen den fünften Theil des Grundkapitals ausmachen, in einer von ihnen unterzeichneten Eingabe unter Angabe des Zweckes und der Gründe verlangen. In dem Gesellschaftsvertrag kann das Recht, die Berufung einer Gen. Vers. zu verlangen, an den Besitz eines geringeren Antheils am Grundcapital geknüpft werden.

§ 12. Das Gesetz bestimmt Nichts über die Feststellung der Verhandlungen der Gen. Vers. Die meisten Statuten fordern eine notarielle Beurkundung der Beschlüsse. Meines Erachtens ist es nöthig, dies ausdrücklich gesetzlich vorzuschreiben, schon mit Rücksicht auf die später (§ 16) zu besprechende Anfechtungsklage. Die betr. Vorschriften würden etwa lauten:

a.

Ueber die Verhandlungen der Gen. Vers. ist ein notarielles Protokoll aufzunehmen und von dem Vorsitzenden der Versammlung und mindestens zwei, nicht zu den Actionären der Gesellschaft gehörenden Personen zu unterschreiben. In dem Protokoll oder in einem in derselben Weise wie das Protokoll zu vollziehenden Anhang desselben sind die in der Gen. Vers. erschienenen Actionäre, so wie die Zahl der jedem von ihnen zustehenden Stimmen zu verzeichnen. Wenn sich Actionäre durch Bevollmächtigte vertreten lassen, so sind sowohl die Namen der Machtgeber wie die ihrer Vertreter aufzuführen.

Die Protokolle über die Verhandlungen der Gesellschaft sind in ein Protokollbuch einzutragen.

b.

Jeder Actionär kann während der Geschäftsstunden im Geschäftslokal der Gesellschaft Einsicht von dem Protokollbuch nehmen, auch gegen Erlegung der Kosten eine Abschrift von den Protokollen der Gen. Versammlungen fordern.

Durch richterliche Verfügung können diese Befugnisse auch dritten Personen eingeräumt werden, die ein rechtliches Interesse zu bescheinigen vermögen.

---

1) Aehnlich der belgische Entwurf Art. 59.

§ 13. An Stelle der bisherigen Vorschrift des Art. 224 Abs. 2:
„Jede Actie gewährt dem Inhaber Eine Stimme, wenn nicht der Gesellschaftsvertrag ein Anderes festsetzt,"
würde ich folgende Bestimmung setzen:

„Jede Actie gewährt dem Inhaber Eine Stimme. Die Voraussetzungen, unter denen das Stimmrecht auszuüben ist, bestimmt der Gesellschaftsvertrag. In demselben kann festgesetzt werden, daß kein Actionär mehr als eine gewisse Zahl von Stimmen in der Gen. Vers. führen darf.

Bei Beschlußfassungen über besondere Rechte und Verpflichtungen einzelner Actionäre haben die betreffenden Actionäre kein Stimmrecht."

Die Aenderung bezweckt vorzugsweise, zu verhüten, daß das Stimmrecht einzelnen Actionären durch den Gesellschaftsvertrag ganz entzogen und an den Besitz einer größeren Zahl von Actien geknüpft werde. Gerechtfertigt wird dieselbe durch die Erwägung, daß das Stimmrecht in der Gen. Vers. das hauptsächliche, ja nach der gegenwärtigen Gesetzgebung fast das einzige Mittel ist, um die Rechte der Actionäre in der Gen.-Vers. geltend zu machen. Will eine Act.-Ges. dies Stimmrecht von einer größeren Betheiligung am Grundkapital abhängig machen, so mag sie diesen Betrag als Einheit zu Grunde legen und die Actien in Höhe desselben ausgeben. Ein unzulässiger Zwang liegt hierin nicht, da immer noch die Ausgabe von Actienantheilen zu einem geringeren Betrage übrig bleibt. Wenn dagegen Actien ohne Stimmrecht ausgegeben werden, so dient dies lediglich dazu, um Illusionen hervorzurufen und der Gesetzgeber ist daher berechtigt, einem solchen Verfahren entgegenzutreten.

Die Festsetzung eines Stimmenmaximum muß dagegen zulässig sein. Indeß ist keine Veranlassung vorhanden, eine dahin gehende Bestimmung im Gesetz selbst zu treffen, vielmehr kann dies den Beliebungen der Statuten überlassen bleiben [1]).

Auch die allgemeinen Bedingungen, unter denen das Stimmrecht ausgeübt werden kann, würde ich dem Gesellschaftsvertrage anheimgeben. Ließen sich hier Vorschriften geben, durch welche den im folg. §. zu erwähnenden Simulationen in zweckmäßiger Weise vorgebeugt werden könnte, so würde die Aufnahme derselben zu empfehlen sein. Ich bekenne jedoch, daß ich meinerseits passende Vorschläge in dieser Beziehung nicht zu machen im Stande bin [2]).

---

1) Der belgische Entwurf Art. 60. bestimmt: Toutefois nul ne peut prendre part au vote pour un nombre d'actions dépassant le tiers des actions émises ou les deux cinquièmes des actions représentées. Auch das englische Musterstatut enthält eine derartige Vorschrift: Every member shall have one vote for every share up to ten. He shall have an additional vote for every five shares beyond the first ten shares up to one hundred and an additional vote for every ten shares beyond the first hundred shares.

2) Das englische Musterstatut bestimmt: No member shall be entitled to

Der letzte Satz der vorgeschlagenen Bestimmung ist eine Verallgemeinerung des im Art. 209ᵇ ausgesprochenen Prinzips.

§ 14. Daß Simulationen bei der Abstimmung mit einer öffentlichen Strafe zu belegen sind, ist unbedenklich zuzugeben. Es liegt hier einer der Fälle vor, in denen das allgemeine Rechtsbewußtsein eine Bestrafung fordert. Eine besondere Strafbestimmung ist indeß dann nicht nöthig, wenn, wie oben vorgeschlagen, die Protokolle der Gen. Vers. und daß Verzeichniß der stimmführenden Actionäre notariell beurkundet werden müssen. Den alsdann treffen im Fall einer Simulation die bereits früher citirten (zu IV § 5) 271 und 272 des R. Str. G. B.'s zu¹).

§ 15. In Bezug auf den Inhalt der Gen.-Vers.'s Beschlüsse wird eine Bestimmung aufzunehmen sein, welche die Competenz der Gen. Vers. hinsichtlich der Statutenänderungen, mindestens dispositiv regelt. Die Frage ist gegenwärtig sowohl in der Theorie wie in der Praxis höchst bestritten. Von den sich entgegenstehenden Ansichten erachtet die eine (abgesehen von den im H.-G.-B. Art. 215 ausdrücklich ausgenommenen Fällen einer Aenderung im Gegenstand des Unternehmens und der Fusion) — die einfache Majorität für ausreichend, wie bei jedem sonstigen Beschlusse — während die andere die Statutenänderungen der Zuständigkeit der Gen. Vers. überhaupt entziehen und von der Einwilligung sämmtlicher Actionäre abhängig machen will²). De lege ferenda führen beide Ansichten zu einem wenig angemessenen Ergebniß. Das Richtige dürfte sein, ähnlich wie bei Verfassungsänderungen in gesetzgebenden Körperschaften verstärkte Garantien für die betreffenden Beschlüsse der Gen.

---

vote at any general meeting, unless all calls due from him have been paid and no member shall be entitled to vote in respect of any share that he has acquired by transfer, at any meeting held after the expiration of three months from the registration of the company, unless he has been possessed of the share, in respect of which he claims to vote for at least three months previously to the time of the meeting at which te proposes to vote. Als dispositive Bestimmung ganz angemessen. Dagegen würde ich Bedenken tragen, eine absolute Vorschrift dieses Inhalts in das Gesetz aufzunehmen.

1) Das französische Gesetz (Art. 13) verordnet: Sont punis de la même peine (50 à 10,000 frs.):

Ceux qui en se présentant comme propriétaires d'actions qui ne leur appartiennent pas, ont créé frauduleusement une majorité factice dans une ass. gén. sans préjudice de tous dommages intérêts, s'il y a lieu, envers la société ou envers les tiers;

ceux qui ont remis les actions pour en faire un usage frauduleux.

Dans les cas prévus par les deux §§ précédents la peine de l'emprisonnement de 15 jours à 6 mois peut en outre être prononcée. — Besser faßt der belgische Entwurf (Art. 151) den ersten der beiden Sätze: ceux qui en se présentant comme propriétaires d'actions qui ne leur appartiennent pas, ont . . . . pris part au vote dans une ass. gén. d'actionnaires. Die Befugniß, auf Gefängnißstrafe zu erkennen, steht nach dem belgischen Entwurf nicht zu.

2) Dieser Ansicht ist Renaub, während die erste Meinung u. A. von Hahn vertreten wird, dessen Beweisführung vom Standpunkt des bestehenden Rechts meines Erachtens überzeugend ist.

Verf. zu fordern. Dies geschieht in den fremden Gesetzgebungen. Das französische Gesetz und der belgische Entwurf verlangen, daß in der betr. Gen. Verf. die Hälfte des Actiencapitals vertreten sein[1]), das engl. Gesetz bestimmt, daß die Statutenänderung[2]) mit einer Majorität von drei Vierteln der anwesenden Mitglieder angenommen und demnächst in einer zweiten, frühestens 14 Tage hinterher abzuhaltenden Gen. Verf. abermals genehmigt werden muß.

Ich würde vorschlagen, das Erforderniß des französischen Rechts in Bezug auf die Beschlußfähigkeit der Gen. Verf. zu übernehmen, zugleich aber nach dem Beispiel des engl. Rechts zu bestimmen, daß die den Beschluß genehmigende Mehrheit drei Viertel der in der Versammlung vertretenen Stimmen betragen muß. Dagegen scheint mir die vom engl. Recht erforderte zweifache Beschlußfassung entbehrlich zu sein.

Es wird hierbei erforderlich sein, auch über die beiden ausgenommenen Fälle einer Abänderung des Gegenstandes des Unternehmens und der Fusion unzweideutiger als bisher zu bestimmen. Die rein negative Fassung des Art. 215, nach welcher in diesen Fällen nicht durch Stimmenmehrheit beschlossen werden kann, läßt wiederum dem Zweifel Raum, ob hier überhaupt ein Beschluß der Gen.-Verf. statthaft oder die Zustimmung sämmtlicher Actionäre erforderlich ist[3]). Geht man davon aus, daß, wie früher vorgeschlagen, jeder Actionär stimmberechtigt ist und daß die Tagesordnung der Gen. Verf. vorher angekündigt werden muß, so wird es nicht bedenklich erscheinen, auch diese wichtigsten Aenderungen des Gesellschaftsvertrages auf Grund eines einstimmigen Beschlusses der Gen. Verf. zuzulassen.

Hiernach würden die Art. 214 und 215 Abs. 1, 2 — wie folgt lauten müssen:

a.

Eine Abänderung des Gesellschaftsvertrages[4]) kann von der Gen. Verf. beschlossen werden, wenn in derselben mindestens die Hälfte des gesammten Actienkapitals vertreten ist.

Die den Beschluß genehmigende Mehrheit muß drei Viertel der in der Versammlung vertretenen Stimmen betragen. Betrifft der Beschluß eine Abänderung des Gegenstandes des Unternehmens oder die Auflösung der Gesellschaft durch Uebertragung ihres Vermögens an eine andere Act.=Ges. gegen Gewährung von Actien der letzteren (Fusion), so ist Einstimmigkeit erforderlich.

Die vorstehenden Bestimmungen finden nur dann Anwendung, wenn der Gesellschaftsvertrag nichts Anderes festsetzt.

---

1) Französisches Gesetz Art. 37; Belgischer Entwurf Art. 58.
2) Special resolution ist der Name für einen derartigen Beschluß.
3) Vgl. hierüber v. Hahn in seinem Commentar zum Art. 215.
4) Die „Fortsetzung des Unternehmens" braucht nicht besonders erwähnt zu werden, da dieselbe immer auch eine Aenderung des Gesellschaftsvertrages enthält.

b.

Jeder Beschluß einer Gen. Vers., welcher eine Abänderung der Bestimmungen des Gesellschaftsvertrages zum Gegenstande hat, muß in gleicher Weise wie der ursprüngliche Vertrag in das Handels-Register eingetragen und veröffentlicht werden. (Art. 210, 212). [1]

Der Beschluß hat keine rechtliche Wirkung, bevor derselbe bei dem Handels-Gericht, in dessen Bezirk die Gesellschaft ihren Sitz hat, eingetragen ist.

§ 16. Es ist das Bedürfniß vorhanden, ein Verfahren herzustellen, mittels dessen Beschlüsse der Gen. Vers. durch richterlichen Ausspruch kassirt werden können. Alle Beschlüsse der Gen. Vers. enthalten eine Entscheidung in den Gesellschaftsangelegenheiten. Demnach muß eine richterliche Instanz bestehen, die im Falle formeller wie materieller Rechtswidrigkeit eines Beschlusses angerufen werden, und denselben für nichtig erklären kann. Im Allgemeinen steht auch schon gegenwärtig die Möglichkeit auf Ungültigkeitserklärung eines Gen. Vers.=Beschlusses zu klagen, theoretisch fest. Nur ist die praktische Geltendmachung dieser Befugniß höchst mißlich, weil sowohl die Voraussetzungen wie die Wirkungen einer solchen Nichtigkeitsklage ganz ungewiß sind. In beiden Beziehungen enthält das Gesetz gar keine Bestimmungen, in letzterer namentlich wird nach bekannten Rechtsgrundsätzen dem richterlichen Urtheil immer nur Rechtskraft für und gegen die Parteien beizumessen sein, während, wie Bekker [2] ganz mit Recht fordert, es möglich sein müßte, „eine präjudizielle Feststellung der Gesetz= und Statutenwidrigkeit der gefaßten Beschlüsse herbeizuführen, welche über die Parteien hinaus für alle Interessenten Recht macht."

Die nachstehenden Sätze versuchen die Grundzüge eines derartigen Verfahrens zu formuliren.

a.

Die Nichtigkeitsklage gegen Beschlüsse der Gen. Vers. ist zulässig:
1) wenn bei der Einberufung der Gen. Vers., den Verhandlungen oder Abstimmungen in derselben wesentliche Förmlichkeiten verletzt worden sind;
2) wenn die gesetzlich oder nach den Bestimmungen des Gesellschaftsvertrages für den Beschluß erforderliche Stimmenzahl auf ungültigen Stimmen beruht [3];
3) wenn der Beschluß seinem Inhalt nach über die Befugnisse der Gen. Vers. hinausgeht.

Die Beurtheilung, ob wesentliche Förmlichkeiten verletzt sind, bleibt dem Ermessen des Richters überlassen.

b.

Die Klage kann in diesen Fällen sowohl von einzelnen Actionären

---

[1] Das H.=G.=B. schreibt noch eine gerichtliche oder notarielle Beurkundung des Beschlusses vor. Dies ist hier fortgelassen, weil das Erforderniß oben für alle Beschlüsse der General=Versammlung aufgestellt worden ist.
[2] Goldschmidt, Zeitschrift Bd. 17 S. 428.
[3] Hieher gehört insbesondere auch der Fall der Simulation.

wie von dritten Personen, die ein rechtliches Interesse darzuthun vermögen, angestellt werden. Sie muß innerhalb 30 Tagen nach dem Tage angestellt werden, an welchem der angefochtene Beschluß gefaßt worden ist. Eine später angestellte Klage ist nur dann zuzulassen, wenn nachgewiesen wird, daß die Versäumniß eine unverschuldete war.

c.

Wenn der Beschluß der Gen. Vers. gegen ein im öffentlichen Interesse erlassenes Verbotgesetz verstößt, so kann die Klage auf Nichtigkeitserklärung auch von dem Staatsanwalte erhoben werden. Die Anstellung der Klage seitens des Staatsanwaltes ist an die vorstehende Frist nicht gebunden, sie ist statthaft, so lange der Beschluß noch Wirkungen zu äußern vermag.

d.

Die Klage auf Nichtigkeitserklärung ist gegen den Vorstand der Act.-Ges. zu richten. Sind die Mitglieder des Vorstandes selbst Kläger, so bestellt der Richter einen Vertreter für die Gesellschaft.

e.

Der Klageantrag, sowie der Termin zur Verhandlung der Sache sind in den für die Bekanntmachungen der Gesellschaft bestimmten öffentlichen Blättern zu veröffentlichen. Zugleich ist die Eintragung des Klageantrages in das Protokollbuch der Gesellschaft zu bewirken.

Bei den von Privatpersonen angestellten Klagen ist der Staatsanwalt von dem Termin zur Verhandlung der Sache unter abschriftlicher Mittheilung der Klage zu benachrichtigen.

f.

In dem Prozeß kann jeder Actionär, sowie jeder, der sonst ein rechtliches Interesse darzuthun vermag, der einen oder der andern Partei zum Zweck ihrer Unterstützung beitreten. Auch der Staatsanwalt ist befugt, an den Verhandlungen Theil zu nehmen und zur Wahrung des öffentlichen Interesses Anträge zu stellen.

g.

Der Tenor des Erkenntnisses ist in gleicher Weise zu veröffentlichen wie der Klageantrag. Dasselbe gilt, wenn Rechtsmittel eingelegt sind, von den Entscheidungen der höheren Instanzen.

h.

Durch das rechtskräftige Erkenntniß wird die Nichtigkeit des angefochtenen Beschlusses oder das Nichtvorhandensein des geltend gemachten Nichtigkeitsgrundes nicht blos in Bezug auf die Parteien, sondern auch für und gegen dritte Personen festgestellt.

Im Falle der Nichtigkeitserklärung gilt der Beschluß von dem Zeitpunkt an als nichtig, in welchem die Eintragung des Klageantrages in das Protokollbuch der Gesellschaft bewirkt worden ist.

i.

Bis zu diesem Zeitpunkt gelten die Beschlüsse der Gen. Vers., die in der oben § 12ᵃ vorgeschriebenen Weise beurkundet sind, als rechtsbeständig.

Auf Personen, welche die Nichtigkeit des Beschlusses kannten oder kennen mußten, findet diese Bestimmung keine Anwendung[1]).

§ 17. Bekker verlangt a. a. O. noch außerdem die Möglichkeit richterlicher Inhibitorien, um die Ausführung angefochtener Beschlüsse zu hintertreiben. Auch dies Verlangen ist meines Erachtens durchaus gerechtfertigt; die englische Praxis namentlich macht von solchen Inhibitorien, wenn der Beschluß der Gen. Vers., wie es dort heißt, ultra vires geht, in sehr ausgedehntem Umfang Gebrauch. Ebenso stimme ich Bekker darin zu, daß nach der Lage unserer derzeitigen Prozeßgesetzgebung hierzu besondere Bestimmungen erforderlich sein würden. Wenn hier gleichwohl von Vorschlägen in dieser Richtung Abstand genommen wird, so geschieht dies mit Rücksicht auf den Entwurf der Deutschen Civilprozeß-Ordnung, der im fünften Abschnitt des achten Buches (§ 728—754) derartige Erlasse als einstweilige Verfügungen gestattet.

B. Geschäftsführung.

§ 18. Die Bilanz. — In jedem Geschäftsbetrieb bildet die Bilanz und die ihr zu Grunde liegende Inventur den Prüfstein sowohl für die Grundlage wie für den Erfolg des Unternehmens. Wenn bei unseren Actiengesellschaften diese Selbstkritik wirklich immer, wie es in den Statuten heißt, „nach den gesetzlichen Bestimmungen und soliden kaufmännischen Prinzipien" geübt werden würde, so wäre damit dem ganzen Gründungsschwindel von vorn herein die Thür verschlossen. Leider ist dies häufig genug nicht der Fall. Unsolide Bilanzen sind eine Folge der unsoliden Gründungen; an die Kette der schwindelhaften Operationen werden auf diese Weise neue Glieder angefügt, so lange sie überhaupt halten will.

Unsere Gesetzgebung sucht diesen Uebelständen in doppelter Weise entgegenzuwirken: durch allgemeine Regeln über die Aufstellung der Bilanz der Actiengesellschaften und durch Vorschriften über die Prüfung derselben.

In erster Hinsicht enthält bereits der ursprüngliche Text des H.-G.-B.'s in den Art. 29 fgg. die Grundsätze, nach denen jeder Kaufmann bei der Aufnahme seiner Inventur und Bilanz verfahren soll. Diese Grundsätze, die auch auf Aktiengesellschaften Anwendung finden, bestimmen das, was ohnehin „des redlichen Kaufmanns Sitte und Art" ist, und sie würden eben darum, ihre gewissenhafte Beobachtung vorausgesetzt, völlig ausreichen. „Bei der Aufnahme des Inventars und der Bilanz sind sämmtliche Vermögensstücke und Forderungen nach dem Werthe anzusetzen, welcher ihnen zur Zeit der Aufnahme beizulegen ist. Zweifelhafte Forderungen sind nach ihrem wahrscheinlichen Werthe anzusetzen, uneinbring-

---

[1]) Es soll hiermit ausgedrückt werden, daß diesen Personen die Berufung auf die formale Gültigkeit des Beschlusses unter allen Umständen versagt ist, gleichviel, ob die Nichtigkeitsklage erhoben ist oder nicht. Bei dem „Kennenmüssen" wird auch nach Beschaffenheit des einzelnen Falles in Betracht zu ziehen sein, ob der Rechtsirrthum entschuldbar ist.

liche Forderungen aber abzusetzen." (H.-G.-B. Art. 31.) Die Ansetzung imaginärer Werthe und die Vertheilung trügerischer Dividenden würde schon hiernach ausgeschlossen sein.

Die Novelle hat es für nöthig befunden, im Art. 239a die Regeln für die Bilanzen der Actiengesellschaften mehr zu specialisiren. Es ist mir nicht bekannt, daß diese Vorschriften irgend einen erheblichen Nutzen gehabt hätten, zum Theil sind ihre Consequenzen geradezu bedenklich.

Insbesondere gilt dies von der Vorschrift, daß die Kosten der Organisation nicht unter den Activis aufgeführt werden dürfen, vielmehr ihrem ganzen Betrag nach in der Jahresrechnung als Ausgabe erscheinen müssen. (Art. 239a. No. 2.) Diese Bestimmung ist so allgemein gefaßt, nicht gerechtfertigt. Auch vom Standpunkt der strengsten kaufmännischen Solidität muß es zulässig erscheinen, den Werth der in der Einrichtung selbst steckt, als Vermögensbestandtheil mit in Ansatz zu bringen und sofern derselbe kein bleibender ist, ihn durch allmählige Abschreibungen zu amortisiren. Wie alle Cautelen, die der Natur der Sache widersprechen, hat auch diese Bestimmung Umgehungen hervorgerufen. „Die Kosten der Organisation werden trotzdem untergebracht werden, sie werden darin stecken, nur nicht zu finden sein."[1]) Diese von anderer Seite gemachte Bemerkung ist durch die Erfahrung vollständig bestätigt worden.

Ich würde hiernach den Art. 239a wieder streichen. Soweit sein Inhalt nicht selbstverständlich ist, wirkt er direkt nachtheilig.

§ 19. Die Aufstellung einer guten Bilanz hängt wesentlich von der Gewissenhaftigkeit ab, mit der im concreten Fall zu Werke gegangen wird. Die Gewähr hierfür besteht in der Prüfung, die in dieser Hinsicht angewendet wurde. Das H.-G.-B., bezw. das Gesetz vom 11. Juni 1870 überträgt dem Vorstand die Aufstellung, dem Aufsichtsrath die Vorprüfung der Bilanz. Die Controle des letzteren ist indeß deswegen nicht von großer Bedeutung, weil er, wie die Dinge thatsächlich liegen, regelmäßig die gesammte Geschäftsleitung in seiner Hand hat. Er kontrolirt daher im Grunde sich selbst.

Eine wirkliche Garantie kann nur durch eine Prüfung von Personen herbeigeführt werden, die nicht an der Geschäftsführung betheiligt sind. Viele Statuten ordnen deshalb die Bestellung eigner Revisoren an; einzelne verlangen die Prüfung der Bilanz durch vereidete Bücherrevisoren. Allerdings ist auch diese Prüfung nur von untergeordnetem Werth, wenn sie sich, wie in der Praxis wohl meist geschieht, lediglich auf die Uebereinstimmung mit den Büchern erstreckt. Hierdurch wird blos die formale Richtigkeit bezeugt. Wenn die Controle eine wahrhafte und durchgreifende sein soll, so muß sie auch auf die materiellen Grundlagen eingehen, die einzelnen Werthansätze prüfen, die gesammten Geschäftsoperationen in die Untersuchung hereinziehen und auf Grund derselben die Frage, ob und

---

[1]) Keyssner, Bilanz, Erneuerungsfond, Reservefond. Berlin 1873. Vgl. desselben Abh. in Busch Archiv Bd. 8. S. 412.

in welcher Höhe die Vertheilung einer Dividende gerechtfertigt ist, beantworten.

Eine derartige Function ist, wie oben erwähnt, den französischen commissaires und den englischen auditors zugewiesen. Der früher mitgetheilte Artikel des französischen Gesetzes schreibt ausdrücklich vor, daß die commissaires einen Bericht über die gesammte Geschäftslage der Gesellschaft erstatten sollen und daß auch die Prüfung des audit nicht blos formeller Natur sein soll, ergiebt sich aus folgendem Passus des englischen Musterstatuts:

The auditors shall make a report to the members upon the balance sheet and accounts and in every such report they shall state whether in their opinion the balance sheet is a full and fair balance sheet containing the particulars required in these regulations and properly drawn up, so as to exhibit a true and correct view of the state of the company's affairs and in case they have called for explanations or information from the directors, whether such explanation or information have been given by the directors and whether they have been satisfactory, and such report shall be read together with the report of the directors at the ordinary meeting.

Die commissaires wie die auditors werden jährlich von der ordentlichen Generalversammlung für das nächstfolgende Jahr erwählt. In Nothfällen kann nach französischem Recht der Präsident des Handelsgerichts, und zwar auf den Antrag eines jeden Interessenten, nach englischem Recht das Handelsamt (board of trade) auf den Antrag von mindestens fünf Actionären zur Ernennung von Revisoren schreiten.

Nach französischem Recht sind die commissaires nothwendig für den Bestand der Act.-Ges., während die Einsetzung der englischen auditors vom Belieben derselben abhängt.

Dies Institut wird in unsere Gesetzgebung aufzunehmen sein, und zwar an Stelle des Aufsichtsrathes oder neben demselben. Da es sich hierbei nicht blos um die Actionäre sondern auch um die Interessen dritter Personen handelt, so ist dasselbe für obligatorisch zu erklären.

Hiernach würden die Art. 225a und 239 in folgender Weise zu ändern sein.

a.

Die Gesellschaft wählt jährlich in der ordentlichen Generalversammlung einen oder mehrere Revisoren mit dem Auftrage, die Bilanz und die Geschäftsführung des nächstfolgenden Geschäftsjahres zu prüfen und in der nächsten ordentlichen Generalversammlung hierüber Bericht zu erstatten.

Die Revisoren können Actionäre oder andere Personen sein. Personen, welche auf irgend eine Weise an der Geschäftsführung Theil nehmen, dürfen nicht zu Revisoren bestellt werden. Aus wichtigen Gründen kann die Ernennung der Revisoren durch den Richter erfolgen.

b.

Die Revisoren sind befugt, sich von dem Gang der Gesellschaftsangelegenheiten zu unterrichten, die Bücher und Schriften der Gesellschaft jederzeit einzusehen und den Bestand der Gesellschaftskasse zu untersuchen.

c.

Die ordentliche Generalversammlung muß innerhalb sechs Monaten nach Ablauf eines jeden Geschäftsjahres zusammenberufen werden.

Der Vorstand ist verpflichtet, sechs Wochen vor diesem Termin die Bilanz mit seinem Rechenschaftsbericht und sofern ein Aufsichtsrath vorhanden ist, mit den Bemerkungen des letzteren versehen, den Revisoren vorzulegen.

Diese Schriftstücke sowie der hierüber erstattete Bericht der Revisoren sind während eines Zeitraums von vierzehn Tagen vor der Generalversammlung im Geschäftslokal der Gesellschaft zur Einsicht der Actionäre während der Geschäftsstunden auszulegen. Auch ist jedem Actionär auf sein Verlangen gegen Erstattung der Kosten Abschrift von denselben zu ertheilen.

d.

Die Generalversammlung darf die Vertheilung einer Dividende nur nach Anhörung des Berichtes der Revisoren beschließen.

e.

Veröffentlichung der Bilanz in der bisherigen Weise, nachdem dieselbe durch die Generalversammlung genehmigt ist.

§ 20. Von verschiedenen Seiten ist daran gedacht worden eine amtliche Revision der Bilanzen herzustellen[1]). Hiergegen sprechen alle Gründe, die oben zu Frage V gegen die Einführung von Controlämtern geltend gemacht worden sind. Selbst das H.-G.-B. in seiner ursprünglichen Fassung hat von einer amtlichen Einwirkung auf die einzelnen Bilanzen Abstand genommen. Eine Bestimmung des preußischen Entwurfs, nach welcher die Bilanz in den ersten vier Monaten eines jeden Geschäftsjahres der Regierung eingereicht werden sollte, wurde bereits in erster Lesung verworfen[2]). Selbstverständlich muß es dagegen den Revisoren zustehen, Behufs Erledigung ihrer Aufgabe erforderlichen Falles besondere Sachverständige zuzuziehen, ja sie müssen sogar hierzu für verpflichtet erachtet werden, falls sie selbst nicht die genügende Sachkenntniß besitzen.

§ 21. 2. Neue Emissionen. In der großen Mehrzahl der Fälle, in denen zur Emission junger Actien geschritten wird, bevor die alten voll eingezahlt sind, liegen unzweifelhaft unsaubere Speculationen zu Grunde. Gleichwohl ist ein allgemeines Verbot hiergegen bedenklich, da es sehr wohl auch Fälle geben kann, in denen dies Verfahren gerechtfertigt erscheint. Nur wird immer verlangt werden dürfen, daß die Erhöhung des Grundkapitals lediglich auf Grund eines Beschlusses der Generalversammlung nach Maßgabe der für Statutenänderungen vorgeschlagenen Bestimmungen erfolgen darf. Alle Clauseln im Gesellschaftsvertrage, durch

---

[1]) Auch in England sind vor dem Erlaß des Gesetzes von 1867 ähnliche Wünsche laut geworden. Ich habe eine von einem banking manager im Jahre 1864 verfaßte Brochüre vor mir, welche die Einsetzung eines offiziellen bank audit fordert. Die englische Gesetzgebung hat sich indeß wohlweislich gehütet, hierauf einzugehen.
[2]) v. Hahn, Commentar Bd. I. S. 657 (2. Aufl.).

welche dem Vorstand oder Aufsichtsrath von vorn herein gestattet wird, mit neuen Emissionen vorzugehen, würden demnach für nichtig zu erklären sein.

Wenn die Generalversammlung allein die neuen Emissionen zu beschließen hat, so muß ihr auch in der Festsetzung der Emissionsbedingungen freie Hand gelassen werden. Danach werden keine Vorbehalte zu Gunsten der Gründer oder anderer einzelner Personen in Betreff der Uebernahme der neu emittirten Actien zu gestatten sein. Dagegen ist es unmöglich, den jeweiligen Actionären das Recht zu versagen, die neuen Actien binnen einer bestimmten Frist vorweg zu dem von der Generalversammlung festgesetzten Emissionskurs zu übernehmen, obwohl auch dies Recht immer noch genügende Veranlassung zur Agiotage geben kann.

Die hier empfohlenen Grundsätze finden sich sämmtlich auch in dem englischen Musterstatut [1]).

§ 22. 3. Speculation in eignen Actien. — Bei der Berathung sowohl des französischen wie des englischen Gesetzes von 1867 ist der Antrag gestellt worden, den Erwerb eigner Aktien durch die Actiengesellschaften zu verbieten, allein sowohl das französische corps législatif wie das englische Parlament haben den dahin gehenden Antrag abgelehnt [2]). Die Bestimmung unseres Gesetzes (Art. 215):

die Actiengesellschaft darf eigene Actien nicht erwerben

scheint namentlich einer in der österreichischen Rechtsliteratur gegebenen Anregung, die auf uns herübergewirkt hat, ihre Entstehung zu verdanken [3]). Sie sieht, so wie sie dasteht, juristisch höchst verwunderlich aus und es will beim besten Willen nicht gelingen, eine lex perfecta aus ihr zu machen [4]). Indeß auch abgesehen von allen technischen Bedenken geht die Vorschrift einerseits zu weit und andererseits nicht weit genug. Zu weit, denn es ist kein Grund vorhanden, den Erwerb eigener Actien zu verbieten, wenn derselbe nicht mit dem Grundkapital erfolgt, wenn z. B. der Reservefond in eigenen Actien angelegt wird. Und es kann überhaupt nicht jeder Erwerb sondern nur der freiwillige auf Grund eines Rechtsgeschäftes für unzulässig erachtet werden. Sonst müßte z. B. auch der Erwerb unstatthaft sein, der in Folge der Verwirkung des Actienrechts eintritt, da ja auch in diesem Fall letzteres an die Gesellschaft zurückfällt. Die Bestimmung geht aber andererseits nicht weit genug, denn in demselben Umfang wie der Erwerb müßte jedenfalls auch das Beleihen eigener Actien verboten werden.

---

1) Increase in capital — in den dem Gesetz von 1862 beigefügten Articles of association, sect. 26—28. Wie alle Bestimmungen des Musterstatuts, so haben auch diese nur einen dispositiven Charakter.

2) Mittermaier's Mittheilungen in Goldschmidt's Zeitschrift. Bd. XII. (Beilageheft).

3) Vgl. besonders die Aufsätze von Jaques und Endemann in der Allg. österr. Gerichtszeitung von 1869. Das daselbst erwähnte Gutachten von Goldschmidt ist meines Wissens nicht publizirt.

4) Hierüber ist zu vergleichen Bekker in Goldschmidt's Zeitschrift Bd. 17 S. 459.

Ich würde mich principaliter wieder für Streichung der ganzen Vorschrift erklären. Soweit dieselbe gerechtfertigt ist, versteht sie sich meines Erachtens von selbst. Das Grundkapital darf nicht zum Erwerb eigener Actien verwendet werden, weil hierin immer eine unzulässige theilweise Rückzahlung desselben liegt.[1]

Will man aber eine besondere Bestimmung beibehalten, so bedarf es jedenfalls einer Verbesserung der jetzt bestehenden. Den Erwerb selbst für ungültig zu erklären, hat keinen Sinn und ebensowenig bedarf es einer Bestimmung zur Festsetzung der civilrechtlichen Schadensersatzpflicht, die überdieß in Betreff der Mitglieder des Aufsichtsrathes bereits im Art. 225 b. No. 1 ausgesprochen ist.

Es verbleibt demnach nur die Möglichkeit einer Straffanktion, die nach dem Beispiel des belgischen Entwurfs etwa folgendermaßen lauten müßte:

Mitglieder des Vorstandes und Aufsichtsrathes werden bestraft, wenn sie wissentlich

a. mit dem Vermögen der Gesellschaft Actien derselben erwerben, sofern ihnen nicht durch die Bestimmungen des Gesellschaftsvertrages oder die Beschlüsse der Generalversammlung[2] die Befugniß eingeräumt ist, den aus der jährlichen Bilanz sich ergebenden Ueberschuß über das Grundkapital in solchen Actien anzulegen;

b. bei der Gewährung von Darlehen oder Vorschüssen aus dem Vermögen der Gesellschaft Actien derselben als Unterpfand oder Sicherheit annehmen.

C. Rechte der einzelnen Actionäre.

§ 23. Das H.-G.-B. bestimmt Art. 224:

„Die Rechte, welche den Actionären in den Angelegenheiten der

---

[1] Die englische Jurisprudenz hat derartige Operationen stets auch ohne besonderes Gesetz für unstatthaft erklärt: A majority of shareholders cannot on behalf of the company authorize a purchase of its shares. — Where a board of directors sanctioned the payment of money, which had been expended in speculations in their own shares, the directors who attended the board, were held liable to recoup the company. — *Shelford* Law of joint Stock companies. London. 1870. p. 71, 99.

[2] Art. 133: Seront punis des mêmes peines (50 à 10,000 frs.) tous ceux qui comme administrateurs gérants commissaires ou membres des comités de surveillance auront sciemment:

racheté des actions ou parts sociales si ce n'est au moyen d'un prélèvement net sur les bénéfices réels opérés conformément aux statuts ou aux délibérations de la société;

fait des prêts ou avances au moyen des fonds sociaux sur les actions ou parts d'intérêt de la société.

Es versteht sich von selbst, daß die Beschlüsse der General-Versammlung die statutenmäßigen Rechte der einzelnen Mitglieder auf den Bezug von Dividenden nicht schmälern würden. Ein solcher Beschluß würde ungültig sein.

Gesellschaft, insbesondere in Beziehung auf die Führung der Geschäfte, die Einsicht und Prüfung der Bilanz und Bestimmung der Gewinnvertheilung zustehen, werden von der Gesammtheit der Actionäre in der Generalversammlung ausgeübt."

Nach der Auslegung, welche dieser Bestimmung durch die Jurisprudenz gegeben wird, hat weder der einzelne Actionair noch auch eine Mehrheit von Actionairen außerhalb der Generalversammlung die Befugniß, irgend welche Rechenschaft in den Gesellschaftsangelegenheiten zu fordern. Der Vorstand und der Aufsichtsrath sind wegen schlechter Geschäftsführung, wegen gesetz- und statutenwidriger Handlungen nicht den einzelnen Actionairen sondern lediglich der Generalversammlung verantwortlich. „Wenn die Gesellschaft durch ihr Organ, die Versammlung der Actionäre, sich irgendwie mit den Mitgliedern ihrer Direction oder Vorsteherschaft verständigt oder auch auf jede Ersatzforderung an dieselbe verzichtet, so ist ein solcher Beschluß für die einzelnen Actionaire in dem Sinne verbindlich, daß dieselben sich hierüber beruhigen müssen und kein Mittel haben, ihre abweichende Meinung geltend zu machen. Zu einer Klage gegen die Mitglieder der Direction oder Vorsteherschaft wären sie nicht legitimirt."[1]

Diese Sätze sind zwar nicht unbestritten, sie dürfen aber als der Ausdruck der gegenwärtig herrschenden Meinung betrachtet werden. Die Actionaire sind hiernach in allen Gesellschaftsangelegenheiten auf reine Passivität hingewiesen, sofern sie nicht in der Generalversammlung die Majorität zu erlangen vermögen. Diejenigen unter ihnen, denen nach den Statuten überhaupt kein Stimmrecht zusteht, haben natürlich nur die erste Alternative vor sich.

Vom Standpunkt des geltenden Rechts mag diese Ansicht richtig sein; an sich liegt darin eine Uebertreibung eines an sich richtigen Gedankens. Daß der in der Generalversammlung kundgegebene Wille der Actionaire mit dem Interesse der Gesellschaft zusammenfällt, ist allerdings als die Regel zu betrachten — schon deswegen, weil ohne diese Voraussetzung die ganze Organisation der Actiengesellschaft unmöglich sein würde. Allein diese Regel darf nicht auch da aufrechterhalten werden, wo sie offenbar zu einer Fiction wird; in solchen Fällen muß es auch den einzelnen Actionären gestattet sein, sich als Vertreter des Gesammtinteresses zu geriren und dasselbe auch außerhalb der Generalversammlung in die Hand zu nehmen.

Namentlich in der englischen Gesetzgebung und Jurisprudenz ist die Ausgleichung zwischen dem formalen Gesichtspunkt der Personeneinheit und der Rücksicht auf das materielle Interesse, auf welche es hierbei ankommt, in glücklicher Weise bewerkstelligt. Auch das englische Recht geht von dem Grundsatz aus, daß die Generalversammlung der oberste Richter über das

---

[1] Aus einem Gutachten von Bluntschli in der Züricher Leuensache, mitgetheilt von Bekker in Goldschmidt's Zeitschrift Bd. 17, S. 637. Derselben Ansicht sind u. A. Regelsberger, Renaud, Endemann.

Gesellschaftsinteresse ist. Allein die einzelnen Actionaire sind hier doch nicht ganz willenlos an die Beschlüsse der Generalversammlung gebunden, sondern sie können auch unabhängig von derselben nicht unerhebliche Befugnisse in den Gesellschaftsangelegenheiten geltend machen. Diese Befugnisse bestehen darin, daß 1) eine bestimmte Anzahl von Actionairen eine amtliche Untersuchung über die Geschäftslage der Gesellschaft herbeiführen kann; 2) daß unter gewissen Voraussetzungen auch die einzelnen Actionaire das Recht haben, die Directoren der Gesellschaft zur Verantwortung zu ziehen.

In beiden Beziehungen werden wir uns bei der Revision unserer Gesetzgebung an das Beispiel des englischen Rechts anschließen müssen.

§ 24. Die companies act von 1862 kennt zwei Fälle, in denen eine Untersuchungscommission eingesetzt wird: a) auf Grund eines Beschlusses der Generalversammlung, b) auf den Antrag einer bestimmten Anzahl von Actionairen durch Verfügung des Handelsamts. Uns interessirt hier nur der zweite Fall, da es auch ohne ausdrückliche Bestimmung als selbstverständlich betrachtet werden darf, daß die Generalversammlung jederzeit eine derartige Untersuchung anordnen kann.

Die näheren Voraussetzungen dieses zweiten Falles sind:[1])

1) ein Antrag einer Anzahl von Actionairen, die bei Actienbanken mindestens ein Drittel, bei anderen Actiengesellschaften mindestens ein Fünftel des gesammten Actiencapitals repräsentiren müssen;

2) eine nach dem Ermessen des Handelsamtes genügende Bescheinigung, daß Grund zur Untersuchung vorhanden und daß der Antrag nicht in böswilliger Absicht gestellt ist;[2])

3) auf Erfordern des Handelsamtes Bestellung einer cautio pro expensis.

Auf diesen Antrag ernennt das Handelsamt einen oder mehrere Inspectoren. Dieselben haben die Befugniß von allen Büchern und Schriften der Gesellschaft Einsicht zu nehmen und die Beamten der Gesellschaft in Bezug auf die Gesellschaftsangelegenheiten eidlich zu befragen. Ein Beamter der Gesellschaft, der die Vorlegung der Bücher oder Schriften oder die Auskunft auf die gestellten Fragen verweigert, verfällt in eine Geldstrafe bis zu fünf Pfund für jede Weigerung.

Die Inspectoren überreichen den Bericht über das Ergebniß ihrer Untersuchung dem Handelsamt, welches die Veröffentlichung desselben durch den Druck anordnen kann; ein Exemplar wird jedenfalls der Gesellschaft zugestellt; die Extrahenten der Untersuchung erhalten ein solches auf ihren Antrag.

---

1) Die betreffenden Bestimmungen finden sich in der comp. act. von 1862, sect. 56 f., unter dem Rubrum provisions for the protection of members.
2) The application shall be supported by such evidence as the board of trade may require for the purpose of showing that the applicants have good reason for requiring such investigation and that they are not actuated by malicious motives in instituting the same.

Die Kosten der Untersuchung sind regelmäßig von den Antragstellern zu tragen; ausnahmsweise kann das Handelsamt festsetzen, daß dieselben der Gesellschaft aufzuerlegen sind. —

Diese Vorschriften des englischen Rechts haben in Italien beim Erlaß des Decrets vom 5. September 1869 zum Vorbild gedient,[3]) sie liegen ferner dem Art. 123 des belgischen Entwurfs zu Grunde.

Auch auf unsere Verhältnisse lassen sich dieselben übertragen, und zwar ohne daß es großer Aenderungen bedarf. Die Anordnung der Untersuchung wird bei uns vom Handelsgericht, in dessen Bezirk die Gesellschaft ihre Hauptniederlassung hat, ausgehen müssen. Den vom Richter bestellten Commissarien wird zwar nicht unmittelbar die Befugniß zu eidlichen Vernehmungen gegeben werden können, wohl aber wird ihnen das Recht einzuräumen sein, zum Behuf ihrer Untersuchung solche Vernehmungen zu beantragen.

Der Nutzen derartiger außerordentlicher Untersuchungen liegt auf der Hand. Schon die Möglichkeit, dieselben zu veranlassen, ist eine nicht verächtliche Schutzwehr gegen die Mißbräuche der Gesellschaftsorgane. Und das Ergebniß der Untersuchung wird in der Regel für das Schicksal des Unternehmens entscheidend sein, auch wenn sich keine weitere Maßregeln des Gerichts oder anderer Behörden hieran knüpfen. Deswegen ist es auch durchaus gerechtfertigt, daß das englische Recht anderweite directe Folgen der Untersuchung, außer dem Bericht der Inspectoren überhaupt nicht eintreten läßt.

---

1) Hiernach finden die Untersuchungen durch die früher erwähnten uffizi provinciali statt, sul reclamo di associati o azionisti, di assicurati o di depositanti. Il reclamo deve esser presentato all uffizio provinciale e motivato specificamente sopra uno dei titoli seguenti:
   1) che siansi fatte operazioni contrarie allo statuto;
   2) che siasi violato il codice di commercio in qualche sua dispositione;
   3) che i resiconti o i prospetti pubblicati siano inesatti.

Se si tratta di associati o azionisti, i reclamanti debbono rappresentare almeno il decimo del capitale sociale. Se si tratta di assecurati o di depositanti, non vi ha prescrizione di numero nè di capitale.

L'uffizio provinciale, se giudica questi reclami bastevolmente fondati, procede alla ispezione e la conchiude con un rapporto che è communicato alla società, ai reclamanti ed al ministero. Esso puo esser stampato. In càso di rifiuto è aperto il ricorso al ministero. Il ministero puó eseguire o rinnovare l'esame, anche mediante invio di un delegato straordinario.

Le disposizioni che fossero date in conseguenza della ispezione non pregiudicano in modo alcuno l'esercizio delle azioni privati davanti ai tribunali competenti.

Der Art. 123 des belgischen Entwurfes lautet: Le tribunal de commerce peut dans des circonstances exceptionelles sur requête d'actionnaires ... possédant le cinquième des intérêts sociaux, signifié avec assignation à la société nommer un ou plusieurs commissaires ayant pour mission de vérifier les livres et les comptes de la société. — Il entend les parties en chambre du conseil et statue en audience publique. Le jugement précisera les points sur lesquels portera l'investigation et fixera la consignation préalable à effectuer pour le payement des frais. — Le rapport sera déposé au greffe.

Auf demselben Standpunkt stehen das italienische Recht und der belgische Entwurf.

§ 25. In Bezug auf die Geltendmachung der Verantwortlichkeit der Gesellschaftsorgane durch die einzelnen Actionaire nimmt die englische Jurisprudenz Folgendes an: Die Directoren sind trustees nicht der einzelnen Actionaire sondern der Gesellschaft als einer juristischen Person.[1]) Indeß haben auch die einzelnen Actionaire einen Anspruch darauf, daß die Geschäfte der Gesellschaft ordnungsmäßig geführt werden. Jeder Actionair kann deshalb gegen die Directoren klagen wegen eines improper use of their powers und wegen breaches of trust, der Gesellschaft gegenüber begangen.

Handelt es sich im ersten Fall um ein acting beyond the powers of the company, so kann jede reinzelne Actionair in eignem Namen klagen, gleichviel ob ein Beschluß der Generalversammlung in medio ist oder nicht.[2]) Wenn dagegen die angefochtenen Handlungen der Directoren within the power of a majority of shareholders liegen, so ist die Klage der Einzelnen nur zulässig after first using their utmost endeavours to get a majority to act in the matter.[3]) Unter dieser Voraussetzung aber können dann wiederum die einzelnen Actionaire in ihrem eigenen Namen wie als Vertreter der mit ihnen in gleicher Lage Befindlichen auftreten. Der Besitz einer bestimmten Zahl von Actien ist keine Bedingung für die Anstellung der Klage.[4])

Diese Grundsätze sind durch die englische Rechtsprechung in einer großen Zahl von Präcedenzfällen im Einzelnen ausgearbeitet. Bei Anwendung derselben verbleibt natürlich dem richterlichen Ermessen ein großer Spielraum. Die unveränderte Uebernahme derselben in unsere Gesetzgebung kann schon deswegen nicht befürwortet werden, weil das Detail dieser Sätze mit dem gesammten System des englischen Rechts in engem Zusammenhang zu stehen scheint. Auch für uns zutreffend ist dagegen das allgemeine Princip, daß der Vorstand, sowie die sonstigen Beamten in gewissen

---

1) Directors are not in the position of trustees to their individual shareholders and therefore a shareholder cannot sue in his own behalf in respect of frauds which are frauds on the whole body of shareholders. Shelford l. c. p. 97.

2) If it is *ultra vires*, if it is illegal, any member of the company may dissent from it and has a right to appeal to the court to be protected against its effects. Shelford p. 137.

3) Shelford l. c. „In order that this suit may be sustained, it must be shown either that there is no such power (viz. in the body of proprietors assembled at general meeting)... or at least that all means have been resorted to and found ineffectual to set that body in motion. — Ein englischer Richter weist die Klage gegen die Directoren zurück, weil die acts complained of were, if an injury, an invasion on the rights of the corporation and yet no reason is assigned by the bill, why the corporation does not put itself in motion to seek a remedy. l. c. p. 140, 141.

4) The smallness of the interest of a shareholder is no bar to his suing in respect of acts done or attempted to be done by directors, when suing on behalf of himself and all other shareholders. l. c. p. 139.

Fällen von den einzelnen Actionairen verantwortlich gemacht werden können. Die Voraussetzungen hierfür würde ich, wie folgt, formuliren:

Wenn Mitglieder des Vorstandes, des Aufsichtsrathes oder sonstige Beamte einer Actiengesellschaft die Interessen der Gesellschaft vorsätzlich oder aus grobem Versehen schädigen, so ist jeder Actionair auf Schadenersatz zu klagen befugt, sofern die Generalversammlung oder die sonst zur Klageanstellung berechtigten Organe der Gesellschaft die Verfolgung des Anspruches ablehnen.

Die Klage kann in diesem Fall von den einzelnen Actionairen sowohl in eigenem Namen, wie Namens der Gesellschaft angestellt werden. Ist zwischen den Beklagten und der Gesellschaft ein Abkommen über den Ersatz des Schadens getroffen, so steht dasselbe der Klage nur dann entgegen, wenn dadurch nach dem freien Ermessen des Richters die Interessen der Gesellschaft in ausreichender Weise gewahrt sind. Beruht das Abkommen auf einem Beschluß der Generalversammlung, so kommen in Bezug auf die Anfechtung desselben die oben § 14 vorgeschlagenen Bestimmungen zur Anwendung.

Besondere Bestimmungen für den Fall des acting beyond the powers of the company werden hierneben nicht erforderlich sein, da in solchem Fall, sofern die betreffenden Handlungen von der Gesellschaft ausdrücklich oder stillschweigend ratifizirt werden, die soeben vorgeschlagenen Vorschriften ebenfalls verwendbar sind. — Ebensowenig ist meines Erachtens, wenn diese Bestimmungen angenommen werden, ein Bedürfniß für eine dem Art. 17 des französischen Gesetzes[1]) entsprechende Vorschrift vorhanden. Dagegen wird allerdings dem Richter die Befugniß gegeben werden müssen, in dringenden Fällen unzulässige Handlungen des Vorstandes oder der Gesellschaftsbeamten schon vor dem Erkenntniß zu inhibiren. In dieser Hinsicht gilt indeß meines Erachtens das oben § 17 Bemerkte.

D. Umfang der Verantwortlichkeit der Gesellschaftsorgane.

§ 26. Es wird verlangt, daß die civilrechtliche Haftung der Gesellschaftsorgane auch objectiv erweitert werde oder wie Lasker in der Rede vom 4. April sich ausdrückt, daß „mehr Objecte unter die Verantwortlichkeit gestellt werden." — Ich vermag diesem Verlangen nicht zuzustimmen. Schon nach dem bestehenden Recht haften die Gesellschaftsbeamten innerhalb des ihnen übertragenen Geschäftskreises nach den Regeln vom Mandat, d. h. gemeinrechtlich für omnis culpa. Will man diesen Satz, wie im

---

[1]) Des actionaires représentant le vingtième au moins du capital social peuvent dans un intérêt commun charger à leurs frais un ou plusieurs mandataires de soutenir tant en demandant qu'en défendant une action contre les gérants ou contre les membres du comité de surveillance et de les représenter en ce cas en justice sans préjudice de l'action que chaque actionnaire peu intenter individuellement en son nom personnel.

französischen Gesetz geschehen ist, ausdrücklich aussprechen, so läßt sich hier=
gegen, da derselbe mit Rücksicht auf die im Art. 225 b und 241 Abs. 2
enthaltenen Spezialbestimmungen vielleicht zweifelhaft erscheinen kann, Nichts
einwenden. Noch besser und einfacher würde es freilich sein, diese Spezial=
bestimmungen selbst zu streichen.

Dagegen ist mir weder ein Bedürfniß noch auch eine juristische Mög=
lichkeit ersindlich, die Haftung noch weiter auszudehnen, und ebensowenig
würde ich es für gerechtfertigt erachten, wenn man es versuchen wollte, für
die verschiedenen Fälle, in denen eine Haftung dritten Personen gegenüber
eintreten kann, allgemeine Regeln aufzustellen. Hier befinden wir uns
allerdings zum Theil auf einem sehr unsicheren Boden, allein die Zweifel
und Controversen, die in dieser Hinsicht obwalten, hängen so sehr mit
tiefer liegenden Rechtsbegriffen zusammen, daß dieselben, wenn überhaupt,
nur in einem allgemeinen bürgerlichen Gesetzbuch ihre Lösung finden können.

Aus dem nämlichen Grunde würde ich es auch ablehnen, Spezialbe=
stimmungen über die civilrechtliche Verantwortlichkeit der Gründer, insbe=
sondere für die Angaben in Prospecten und öffentlichen Ankündigungen in
das Gesetz aufzunehmen.

Man möge auch erwägen, daß die gegenwärtig unleugbar vorhandene große
Schwierigkeit, in solchen Fällen einen Schadensanspruch zu realisiren, wesent=
lich mit darauf beruht, daß die Substanziirung des Schadens, wie sie nach
dem gegenwärtig geltenden Recht erfordert wird, häufig nicht zu erbringen ist.
Hier wird am richtigsten durch eine Verbesserung der Schädensklage abzu=
helfen sein. Will man darauf nicht warten, so wird, wie dies schon an
anderen Stellen des Handelsgesetzbuchs geschehen ist, dem Actiengesetz eine
Bestimmung einzuverleiben sein, wonach in allen Fällen, in denen es sich
um einen bei der Gründung oder Geschäftsführung einer Actiengesellschaft
durch die Gründer oder die Beamten der Gesellschaft dieser selbst oder
einzelnen Personen zugefügten Schaden handelt, die Beurtheilung der
Frage, ob und in welcher Höhe ein Schaden entstanden ist, der freien Be=
urtheilung des Richters überlassen bleibt.

E. Auflösung.

§ 27. Den Auflösungsgründen, welche das Handelsgesetzbuch (Art.
242) kennt, würde ich den Fall hinzufügen, in welchem die Gesellschaft den
Geschäftsbetrieb nicht innerhalb eines Jahres nach ihrer Eintragung be=
gonnen oder ein ganzes Jahr hindurch unterbrochen hat. In diesem Fall
wird jeder Actionair für befugt zu erachten sein, die Auflösnng bei Gericht
zu beantragen.

Diese Bestimmung findet sich in der englischen companies act von
1862 sect. 79; sie bildet meines Erachtens eine nothwendige Ergänzung
des englischen, vorstehend auch für unsere Gesetzgebung empfohlenen Systems
der Bildung der Actiengesellschaften (oben S. 57 flg.).

Dieselbe wird nur als ein Dispositivgesetz zu fassen sein, d. h. es wird den Gesellschaften freistehen müssen, in ihrem Statut eine andere Frist für den Beginn des Geschäftsbetriebes festzusetzen.

Das englische Gesetz kennt noch zwei andere Auflösungsgründe, die dem Handelsgesetzbuch unbekannt sind:

whenever the members are reduced in number to less than seven;

whenever the court is of opinion that it is just and equitable that the company should be wound up.

Für den ersten dieser beiden Auflösungsgründe, der etwas modifizirt, auch in den belgischen Entwurf übergegangen ist (Art. 72), vermag ich ein Bedürfniß nicht zu erkennen; er wird insbesondere nicht dadurch gerechtfertigt, daß zur Begründung der Actiengesellschaft eine Zahl von sieben Personen erforderlich ist. — Der zweite Grund räumt dem Richter eine Macht ein, die meines Erachtens über das zulässige Maaß richterlichen Ermessens hinausgeht.

Dagegen dürfte es angemessen sein, wie dies im belgischen Entwurf geschieht, bei einer erheblichen Verminderung des Grundcapitals auch einer Minorität von Actionären das Recht einzuräumen, auf die Auflösung der Gesellschaft zu bringen.[1]

VII.

Welche einzelne Bestimmungen des Handelsgesetzbuches und des Gesetzes vom 11. Juni 1870 verlangen eine Abänderung, auch wenn das Prinzip der begrenzten Haftbarkeit bestehen bleibt?

Die Beantwortung dieser Frage ergiebt sich aus dem Gesammtinhalt der bisherigen Erörterung.

---

[1] Art. 11: En cas de perte de la moitié du capital social les administrateurs doivent soumettre à l'assemblée générale la question de la dissolution de la société. Si la perte atteint les trois quarts du capital, la dissolution pouvra être prononcée par les actionnaires possédant un quart des actions représentées à l'assemblée.

Printed by Libri Plureos GmbH
in Hamburg, Germany